KB217610

돌로미티

신이 만든 조각품, 이탈리아 알프스

돌로미티

Dolomites

글·사진 박진성

맑은샘

CONTENTS

여는 글

지구과학 전공과 함께 지질 탐사와 천체 촬영은 숙명처럼 다가왔다. 인천시교육청 소속 지구과학 선생님들과 2009년 하와이 지질답사 여행을 시작으로 2011년 미국 서부지역, 2013년 캐나다 옐로나이프 지역의 오로라 관측, 2014년 호주 서부지역, 2016년 뉴질랜드, 2016년 다시 미국 서부지역, 2017년 캐나다 로키 지역, 2018년 아이슬란드 등 여러 곳을 선생님들과 다니며 여행의 즐거움은 물론 자연의 신비로움을 알아가며 성장해 왔다. 매년 새로운 방문 지역의 선별과 사전 준비, 일정계획, 장소의 학습 등 탐사를 위해 끊임없이 진행해 왔다. 이 여행의 경험과 결과물은 학생들의 지도에 더욱 내실 있게 전달되고 활용할 수 있어 여행의 즐거움과 함께 일거양득의 결과를 얻었다.

2019년 이탈리아 돌로미티를 가족과 함께 다녀오게 되었다. 이탈리아 알프스를 직접 보고, 걷고, 느낀 감동은 쉽사리 가시지 않았고, 많은 여행지 중 마음속 최고의 장소로 자리 잡았다. 그래서 2023년 다시 몇 분의 선생님들과 돌로미티 여행을 기획하여 떠나게 되었고 이렇게 원고를 준비하기 시작하였다.

돌로미티는 백운암 산맥의 형성을 보여 주는 지질학 유산으로, 지형학적으로 국제적인 의미가 있는 곳이다. 여러 종류의 봉우리와 수직으로 형성된 높은 기암절벽 등 다양한 백운암 지형이 이렇게 한곳에 모인 곳은 세계 어디에서도 찾아보기 힘들다. 또한 돌로미티는 특별한 자연미를 지닌 매우 뚜렷한 일련의 산악 경관을 갖고 있다. 조각한 듯 수직으로 솟은 하얀 백운암 봉우리들의 인상적인 모습은 세계적으로도 특별하다. 매우 다양한 백운암 지형은 국제적으로 중요한 지구 과학적 가치로 인정받아 왔으며, 훌륭하게 노출된 지질은 지구 생명체의 역사에 있어 엄청난 멸종 사건이 일어난 페름기 대멸종 이후 트라이아스기의 해양생물을 복원하는 데 지질학적인 지식을 제공하는 곳으로 명성이 자자하다.

또한 돌로미티의 자연경관은 빠뜨릴 수 없는 최고 장점이다. 높은 고지대의 눈 덮인 돌로미티 기암절벽과 다양한 야생화꽃으로 뒤덮인 무성한 고산 목초지, 거침없이 낙하하는 계곡의 시냇물과 졸졸 흐르는 폭포 소리 등 자연의 아름다움을 눈으로 강렬하게 확인할 수 있는 장소이다. 특히, 매 시즌 5월 중순부터 7월 중순까지는 산간 초원이 다양한 야생화로 물들여지는 특별한 마법이 펼쳐진다. 억센 환경에서 자라나 꽃을 피우는 멋진 알파인 식물의 독특한 사진을 촬영하게 하는 모티브가 되는 시기이다.

돌로미티의 아름다운 산을 배경으로 초원을 걸으며 자연의 생동감을 오감으로 느껴보는 것은 인생에서 가장 행복한 순간이라 할 만하다. 다채로운 초원을 하이킹하며 하늘을 찌를 듯한 돌로미티 봉우리를 바라보고 지그재그로 이어진 야생화 평원을 걷기도 하며, 쉬엄쉬엄 산장에서 쉬면서 차 한잔 마시며 바라보는 돌로미티의 풍경은 한 컷으로 규정할 수도, 말로도 표현하기 어려운 한 폭의 명화 자체이다.

3,000m 가까이 되는 높은 산을 케이블카로 쉽게 오르면 정상에서 구름이 바다처럼 펼쳐진 계곡 마을의 풍경을 바라보며 신비함을 경험할 수 있는 곳이다. 밤이 되면 하늘에서 하나둘씩 빛나기 시작하는 별들이 무리를 이루어 강을 만들고 은하수가 되어 쏟아지는 광경은 신의 선물로써 최고라 할 만하다. 자연의 다채로운 모습이 마음속으로 들어와 힐링과 감동을 주는 곳이 바로 돌로미티이다.

여행 후 촬영한 사진과 여행 자료를 정리하며 1년 동안 글을 쓰고, 돌로미티 지형을 하나하나 일러스트레이터로 그림을 그리며 책을 준비하는 시간은 다시 여행

을 떠난 듯 행복한 시간이었다. 한 달이 넘는 시간 동안 돌로미티의 구석구석을 찾아가 보았지만, 정보와 시간의 부족으로 놓친 명소도 몇 군데 있어서 이번 책에 소개하지 못하는 장소는 다시 한번 방문하여 증보판에 그 아쉬운 마음을 실어 보고자 한다.

지난 15년간의 긴 여행 동안 항상 뒤에서 후원해 준 가족과, 배움과 여행을 병행한 특별한 경험에 항상 기꺼이 함께해 준 동료 선생님들, 특히 돌로미티의 구불구불한 골짜기를 이리저리 운전하느라 고생하신 우석민 선생님, 이영호 선생님, 그리고 학기 말 바쁜 시간에도 기꺼이 교정과 윤문에 수고해 주신 효성고 신은지 선생님, 오승미 선생님께도 감사를 드린다.

2024년 9월
박진성

Chapter 1

돌로미티 개관

The Dolomites

돌로미티

알프스산맥은 유럽의 중부에 있는 산맥으로, 동쪽의 오스트리아와 슬로베니아에서 시작해 이탈리아와 스위스, 리히텐슈타인, 독일을 거쳐 서쪽의 프랑스까지 이른다. 산맥에서 가장 높은 산은 프랑스와 이탈리아의 국경에 있는 몽블랑 *Monte Bianco/MontBlan*(4,810m)이다.

돌로미티는 이탈리아어로는 '돌로미티 *Dolomiti*', 지역 방언인 라딘어로는 '돌로미테 *Dolomites*', 독일어로는 '돌로미텐 *Dolomiten*'이라 부른다. 기묘한 바위 봉우리들과 초원, 에메랄드빛 호수가 어우러져 마치 지구의 비밀을 엿보듯 신비한 곳이다.

돌로미티는 이탈리아와 오스트리아 국경 지역 산악지대로 베네토 *Veneto*, 트렌티노 알토 아디제 *Tresntino-Alto Adige*, 프리울리 베네치아 줄리아 *Friuli-Venezia Giulia* 등 3개 주에 걸쳐 있다. 제1차 세계대전으로 오스트리아 영토에서 이탈리아로 병합된 북동부 트렌티노-알토 아디제 주의 남티롤 지방에 있는 알프스 산군으로 '이탈리안 알프스'로 불린다. 제1차 세계대전 이전에는 이곳이 오스트리아 땅이었기 때문에 돌로미티가 위치한 이탈리아 북부지방은 독일어와 이탈리아어를 주로 사용한다.

돌로미티 산군을 이루는 백운암*은 빛에 따라 카멜레온처럼 색을 바꾸며 그 어디에서 볼 수 없는 경이로운 경관을 선물한다. 돌로미티는 3,000m가 넘는 기기묘묘한 형상의 웅장한 18개의 백운암 침봉뿐만 아니라 잘 보존된 짙은 신록의 계곡과 넓은 목초지, 에메랄드빛 호수와 41개의 빙하를 만날 수 있는 최고의 여행지로도 손꼽힌다.

돌로미티는 탄산염 광물로 칼슘과 마그네슘으로 이루어진 백운암으로 구성되어 지각변동과 침식, 빙하작용 등으로 풍화 침식되어 자연에 의해 조각되어 세계 어느 곳에서도 찾아보기 힘든 독특한 풍광과 아름다움이 지질학적 가치를 인정받아 2009년 유네스코 세계자연유산으로 선정되었다. 스위스 태생 프랑스의 세계적인 건축가 르코르뷔지*Le Corbusier*에가 "세상에서 가장 아름다운 자연 건축물"이라고 표현한 것처럼 가히 "신(神)이 만든 조각품"이라는 칭송을 듣는 세계에서 단 하나뿐인 걸작품이다.

---

* 백운암: 돌로마이트*Dolomite*라 한다. 결정질의 칼슘 - 마그네슘 탄산염($CaMg(CO_3)_2$) 성분으로 돌로마이트는 석회질 퇴적물로 퇴적된 후에 돌로마이트화 작용을 받아 2차적으로 형성되었다고 추정된다.

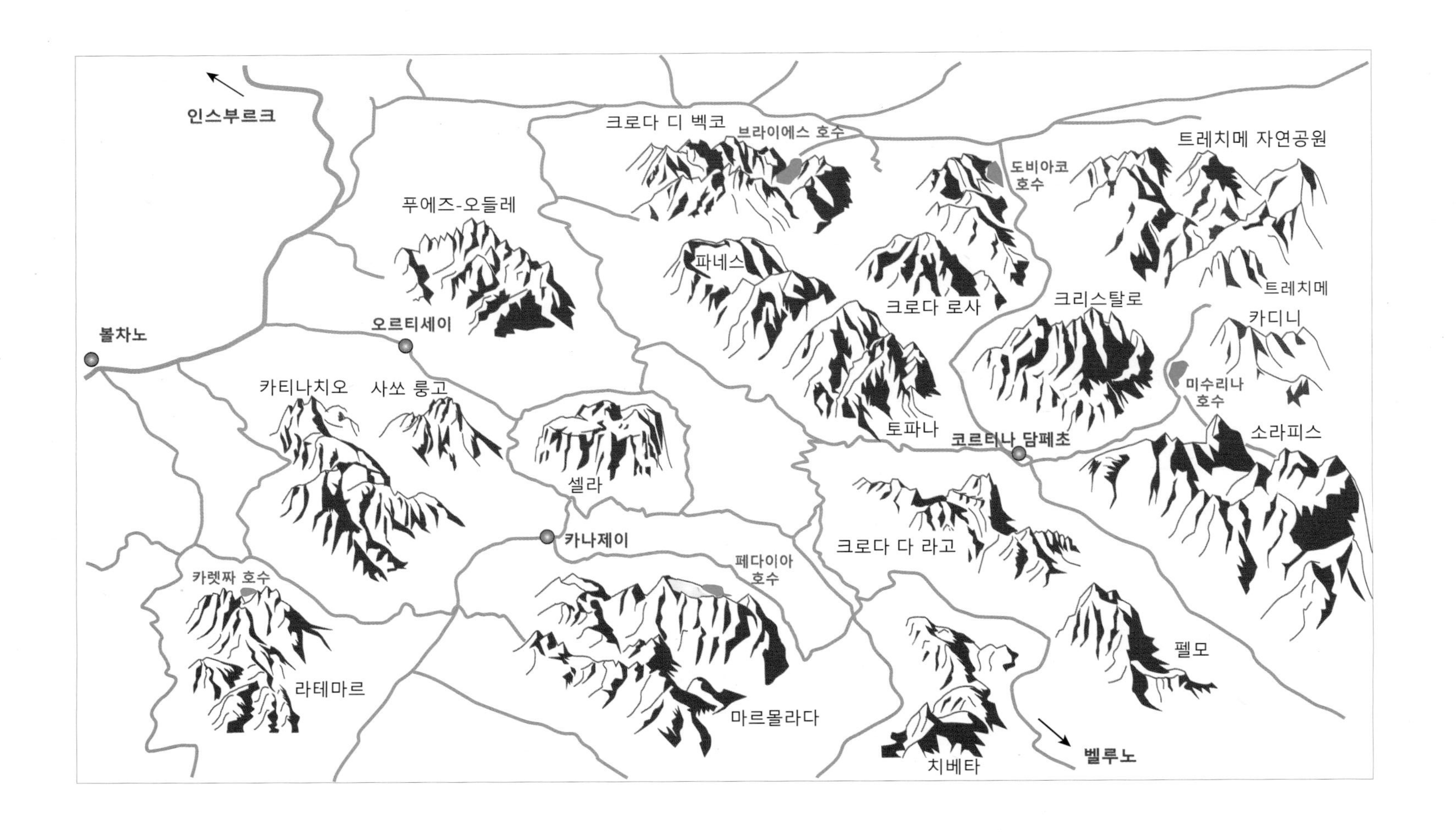
인스부르크
크로다 디 벡코
브라이에스 호수
도비아코 호수
트레치메 자연공원
푸에즈-오들레
파네스
크로다 로사
트레치메
크리스탈로
카디니
볼차노
오르티세이
카티나치오
사쏘 룽고
미수리나 호수
토파나
코르티나 담페초
소라피스
셀라
카나제이
크로다 다 라고
페다이아 호수
카렛짜 호수
라테마르
마르몰라다
펠모
치베타
벨루노

돌로미티의 지역과 역사

이탈리아는 남유럽에 위치한 단일 의회 공화국으로 본토와 지중해의 두 개의 섬인 시칠리아와 사르데냐로 이루어져 있으며, 북쪽 알프스산맥을 경계로 프랑스, 스위스, 오스트리아, 슬로베니아와 국경을 맞대고 있다. 알프스-히말라야 조산대 중 유라시아판과 아프리카판의 경계부에 자리 잡고 있으므로 지진 위험 국가 중 하나이고 특히 중앙을 가로지르는 아펜니노산맥을 중심으로 지진이 자주 발생한다.

행정 구역으로는 20개의 1급 행정 구역인 주*Regione*, 107개의 2급 행정 구역인 프로빈차*Provincia* 그리고 우리나라 읍면과 같은 3급 행정 구역인 코무네*comune*의 세 단계로 이루어져 있다.

돌로미티 산군은 알프스산맥 중 동부 알프스에 속하는 이탈리아 북부 산악지대를 말한다. 석회암과 백운암으로 이루어진 침봉들이 솟아 거대한 산군을 형성하고 있으며 볼차노를 중심으로 한 서부 돌로미티와 코르티나 담페초를 중심으로 한 동부 돌로미티로 나뉜다.

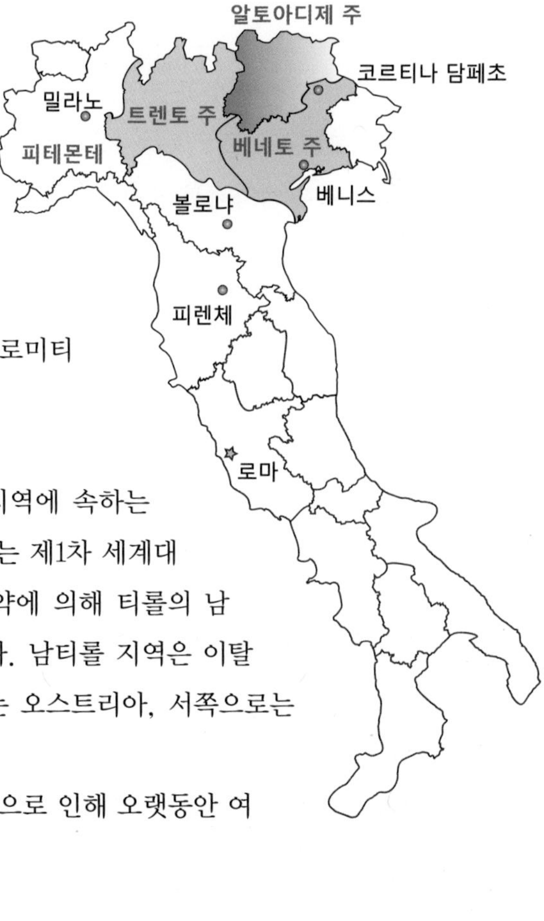

돌로미티 지역은 본래 티롤*Tirol* 지역에 속하는 오스트리아의 영토였다. 오스트리아는 제1차 세계대전의 패전으로 1919년 생제르맹 조약에 의해 티롤의 남쪽 지역을 이탈리아에 넘기게 되었다. 남티롤 지역은 이탈리아에서 가장 북쪽에 있으며 위로는 오스트리아, 서쪽으로는 스위스와 국경을 맞대고 있다.

돌로미티 지역은 이런 역사적 환경으로 인해 오랫동안 여

러 국가의 지배를 받아왔기 때문에 돌로미티 지역의 문화는 이탈리아보다는 오스트리아에 더 가깝고, 주민의 70%는 독일어를 사용한다. 산악지역으로 갈수록 독일어를 쓰는 사람이 더 많아져서 표지판마다 이탈리아어와 독일어가 함께 적혀 있다.

돌로미티는 알프스인데도 스위스, 프랑스, 오스트리아에서 보는 풍광과는 사뭇 다르다. 총면적이 1만 5,942㎢로 제주도의 3배에 달하는 넓은 면적을 가졌으며 설산과 초원이 어우러진 중·서부 알프스와 달리 동북부는 수직의 바위와 초원이 어우러져 '신의 조각품'이라 불린다. 장엄한 암벽들이 이어지고 빙하기 지형과 카르스트 지형은 이색적인 경관을 연출한다.

돌로미티는 2022년 8월 빙하가 녹아 흘러내려 인명사고를 내 국내 방송 매체에도 등장했던 최고봉인 마르몰라다(3,342m)를 포함하여 해발 3,000m가 넘는 백운암 봉우리가 18개나 되는 거대한 산군들의 집합체이다.

바위들은 지각변동과 침식작용, 빙하작용 등 여러 가지 자연현상에 의해 변형되어 세계 어느 곳에서도 찾아보기 힘든 특이한 풍경과 기묘한 형상의 아름다움을 뽐낸다. 여러 종류의 봉우리와 수직으로 형성된 높은 기암절벽 등 다양한 백운암 지형이 한 곳에 다수 모인 곳은 세계 어디에서도 찾아보기 힘들다.

돌로미티의 지질

소량의 마그네사이트 및 황철석이 포함된 백운암

돌로미티란 지역명은 돌로마이트라는 암석의 이름에서 유래되었다. 프랑스의 지질학자 디외도네 돌로미외 *Dieudonne Dolomieu*(1750~1801)는 1789년부터 동부 알프스 지역에 대한 조사 활동을 벌였고, 1791년 백운암 성분의 붉은 빛을 띤 암석의 특성을 과학적으로 연구하여 발표하였다.

이 산맥의 원래 이름은 '몽티 팰리디 *Monti Pallidi*'였다. 지질학자 돌로미외는 돌로미티가 왜 다른 석회암 산맥과 다른가에 의문을 품고 연구를 위해 1788년 이 지역을 조사하였다. 그의 연구에 의하면 다른 석회암 지대 산맥의 지질 성분이 칼슘 탄산염 혹은 칼사이트 *Calcite* 인데 비하여, 이 산맥의 성분은 칼슘-마그네슘 탄산염이라는 사실을 밝혀냈다. 그 후 칼슘-마그네슘 탄산염은 그의 이름을 따서 '돌로마이트 *Dolomite**'라 부르고 이 산맥의 이름도 여기서 유래하였다.

돌로미티를 구성하는 백운암은 주로 마그네슘과 칼슘의 탄산염 광물이며, 마그네슘이 일부 철로 치환되어 거대한 산봉우리가 일출이나 일몰 시 붉은색을 띠게 되는데, 이 모습이 돌로미티 산군의 매력이기도 하다.

돌로미티는 약 2억 년 전에 형성된 퇴적암 지형이, 알프스 조산운동으로 암반이 판 구조 *Plate tectonics* 운동으로 바다에서 솟아오른 해양 퇴적 기원의 특이한 지형이

* 돌로마이트는 외관상 석회암, 방해석과 비슷하여 구분이 힘드나 밀도가 조금 더 커서 약간 무겁다. 정형은 삼방정계에 해당하며, 탄산칼슘($CaCO_3$)과 탄산마그네슘($MgCO_3$)이 1 : 1로 복탄산염을 이룬다. 단, 자연계에 분포하는 돌로마이트에서는 마그네슘 일부가 철(Fe)이나 망가니즈(Mn)로 치환되는 경우가 많다. 백운석의 분쇄된 제품은 제강, 유리, 비료, 골재용 등으로 사용되며, 비료용으로 사용되는 것을 석회고토 비료라 한다.

다. 이 지역은 고지중해라고 불리는 테티스해의 열대 바다 환경이었다. 약 2억 5,000만 년 전 중생대의 트라이아스기*Triassic*에 테티스해*Tethys Sea*에 조개껍데기와 산호 퇴적물이 퇴적되면서 1,000m 가까운 두께의 석회암 지층을 형성하게 되었다. 돌로미티에서 나타나는 전형적인 백운암은 이 시기에 화석화된 산호초로 이루어져 있다.

7,500만 년 전부터 시작한 아프리카와 유럽의 지각판이 충돌하면서 이 지역이 위로 밀려 솟아 올라가 3,000m가 넘는 거대한 산들이 형성되기 시작했다.

이것을 알프스 조산운동이라 하며 그 힘은 지금까지 지속되어 매년 알프스산맥과 히말라야산맥은 조금씩 높아지고 있다.

판에 의한 높은 산들의 형성과 함께 최초의 강과 계곡이 나타났고, 날씨에 의한 풍화를 견디어 낸 암석이 하늘의 가파른 봉우리로 우뚝 솟았으며, 바다 분지에서 나온 화산 활동의 잔해와 사암은 완만한 고산 목초지를 형성했다. 들쭉날쭉한 거대한 바위 풍경이

카디니 파노라믹 포인트에서 바라본 카디니 산군. 트레 치메 트레킹 초입부에 위치한다.

무성한 녹색 목초지와 뒤엉켜 조화를 이루었다.

돌로미티의 지형은 암석 표면의 옅은 색과 그 아래로 보이는 녹색 목초지의 색감 대비가 인상적이다. 높은 백운암 봉우리는 사이사이에 골짜기를 끼고 홀로 우뚝 솟아 있거나 여러 개가 연속적으로 파노라마처럼 형성되어 있어 압도적인 경관을 이루어 돌로미티 산맥의 독특한 경치를 만든다. 지질학자들은 이러한 경관을 보고 돌로미티산맥의 아름다움에 사로잡혔으며, 그들의 글과 사진이 이 세계자연유산의 아름다움을 더욱 높여 일반인들에게 퍼지기 시작하였다.

지질학적으로 돌로미티 산군은 돌로마이트화한 밝은 백운암으로 이루어져 있고, 이것들이 오랫동안 풍화 침식되면서 기기묘묘한 형상의 바위 봉우리들을 만들어 놓았다.

돌로미티가 세계에서 가장 매력적인 산악 경관으로 유명한 것은 수직으로 솟은 여러 종류의 뾰족한 봉우리와 절벽에서 튀어나온 바위와 수평면을 보유한 고원 지대가 절묘하게 조화롭게 대립을 이루고 있기 때문이다. 그 밑으로는 낭떠러지 아래로 부서져 떨어진 테일러스**가 넓게 퍼져 있으며, 주위의 작은 언덕들이 산맥을 더 돋보이게 한다.

돌로미티는 백운암 산맥의 형성을 보여 주는 지질학 유산으로, 지형학적으로 국제적인 의미가 있는 곳이다. 돌로미티 산맥에서는 침식, 지각변동, 빙하작용 등과 관련 있는 여러 종류의 지형을 볼 수 있다. 여러 종류의 봉우리와 수직으로 형성된 높은 기암절벽 등 다양한 백운암 지형이 이렇게 한곳에 모인 곳은 세계 어느 곳에서도 찾아보기 힘들다. 페름기/트라이아스기 이후의 진화 모습도 알 수 있는 중생대 탄산염 지대의 증거가 남아 있어 지질학 관점에서도 세계적으로 중요하다.

또한, 돌로미티는 특별한 자연미를 지닌 매우 뚜렷한 일련의 산악 경관을 갖고 있다. 조각한 듯 수직으로 솟은 인상적인 옅은 색 봉우리들은 세계적으로도 특별하다. 매우 다양한 백운암 지형이 수없이 집중되어 국제적으로 중요한 지구과학적 가

** 테일러스 *Talus*: 산꼭대기 암석의 풍화물이 중력에 의해 굴러떨어져 산기슭에 쌓인 것으로, 돌서랑이라고도 한다.

산 사면에 풍화되어 흘러내린 테일러스 뒤에 트레 치메 세 봉우리가 보인다.

치를 지니며, 훌륭하게 노출된 지질은 지구상 생명체의 역사에 기록된 엄청난 멸종 사건이 일어난 페름기 대멸종 이후 트라이아스기의 해양생물을 복원하는 데 지질학적인 지식을 제공한다.

돌로미티 산맥의 장엄하고 아름다운 색채는 여행객들의 발길을 사로잡으며, 과학사에서뿐만 아니라 미적으로도 큰 가치를 높이고 있다.

돌로미티 트레킹

트레킹의 적기

돌로미티는 산악지역이므로 봄이 늦게 오기 때문에 6월 초순까지도 눈이 많이 쌓여 있다. 걷기 가장 좋은 시기는 6월 중순부터 9월 말까지이고, 7월 중순부터 8월 중순까지가 절정인 시기이다. 하지만 정점인 성수기 기간에는 유럽이 휴가 기간이라 숙소 잡기에 어려움이 있다. 그래서 트레킹 하기 적합한 시기는 6월 중순부터 7월 초, 8월 말부터 9월 중순까지가 가장 좋은 시기이다.

7월 마지막 주부터 8월 둘째 주 사이에 산행을 계획하고 있다면 산장 예약은 필수이며 예약도 쉽지 않아 서둘러야 한다. 겨울철에는 눈이 많이 내려 초원지대는 모두 스키장이 되어 새로운 즐거움을 주지만 트레킹은 불가능하다.

비아 페레타 *Via Ferrata*

비아 페레타는 이탈리아어로 '쇠로 만든 길'이라는 뜻으로 바위 사면에 고정된 케이블과 발판, 사다리 등 인공 구조물을 설치한 길을 말한다.

1914년부터 1918년까지 벌어진 1차 세계대전에서 돌로미티 지역은 오스트리아와 이탈리아의 격전지였다. 돌로미티의 코르티나 담페초 북쪽에 위치한 크로다 로사 *Croda Rossa* 산군(山群)과 크리스탈로 *Cristallo* 산군을 마주하고 있는 발란드로 산장 *Rifugio Vallandro* 앞에는 제1차 세계대전 당시 오스트리아군의 참호였던 건물(플라토 피아자 요새 *Forte di Prato Piazza*)의 잔해가 남아 있다. 또한, 트레 치메 트레킹의 경로에 있는 로카텔리 산장은 제1차 세계대전 중 오스트리아와 이탈리아 사이에 벌어진 비극적인 산악전쟁의 격전지였다.

산악전쟁 당시 험한 지형 때문에 물자 수송과 병사들의 이동을 원활하게 하도록 군사적 이동 수단의 목적으로 바위 절벽 길마다 쇠줄로 연결하여 '비아 페라타'라는 길을 만들었다. 이 험한 길을 이동하기 위해서는 암벽을 잘 타는 많은 산악인이 전쟁터에 병사로 차출되어 나가야만 했다. 당시 전쟁을 위해 건설하기 시작한 '비아 페라타'는 1960년대부터 산악인들의 등반 목적으로 더 어렵고 힘든 '비아 페라타' 길을 개척하였고, 1980년대에 들어서면서 현재까지 많은 이들이 액티비티를 즐기기 위해 찾는 시설물이 되었다.

돌로미티 트레킹 코스

백운암의 침식작용으로 생긴 돌로미티 산군은 같은 중부 알프스인 스위스의 산군과 형태가 다르다. 다양하고 수많은 날카로운 봉우리로 인해 역동적인 느낌을 주는 돌로미티 지형을 깊이 있게 감상하려면 남북으로 이어진 알타비아 *Alta Via* 트레킹 코스를 추천한다. 그러나 이와 같은 장거리 트레킹 코스는 예측이 어려운 산악 날씨와 참여자들의 전체 일정, 트레킹 피크 시즌 산장 예약의 어려움 등을 고려하여 추진해야 한다.

돌로미티의 대표적인 트레킹 루트를 '알타비아 *Alta Via*'라고 부르며, 알타비아는 영어로 하이 루트 *High Route*, 우리말로는 높은 길이란 뜻이다. 돌로미티에는 90~190㎞에 이르는 알타비아 코스가 10개 있는데, 루트 이름은 '알타비아 1', '알타비아 2', '알타비아 3'… 등 순서대로 붙여져 있다. 숫자가 커질수록 난도가 높은 길이다.

10개의 알타비아 중 대표적인 클래식 루트가 '알타비아 1'이다. 돌로미티의 중

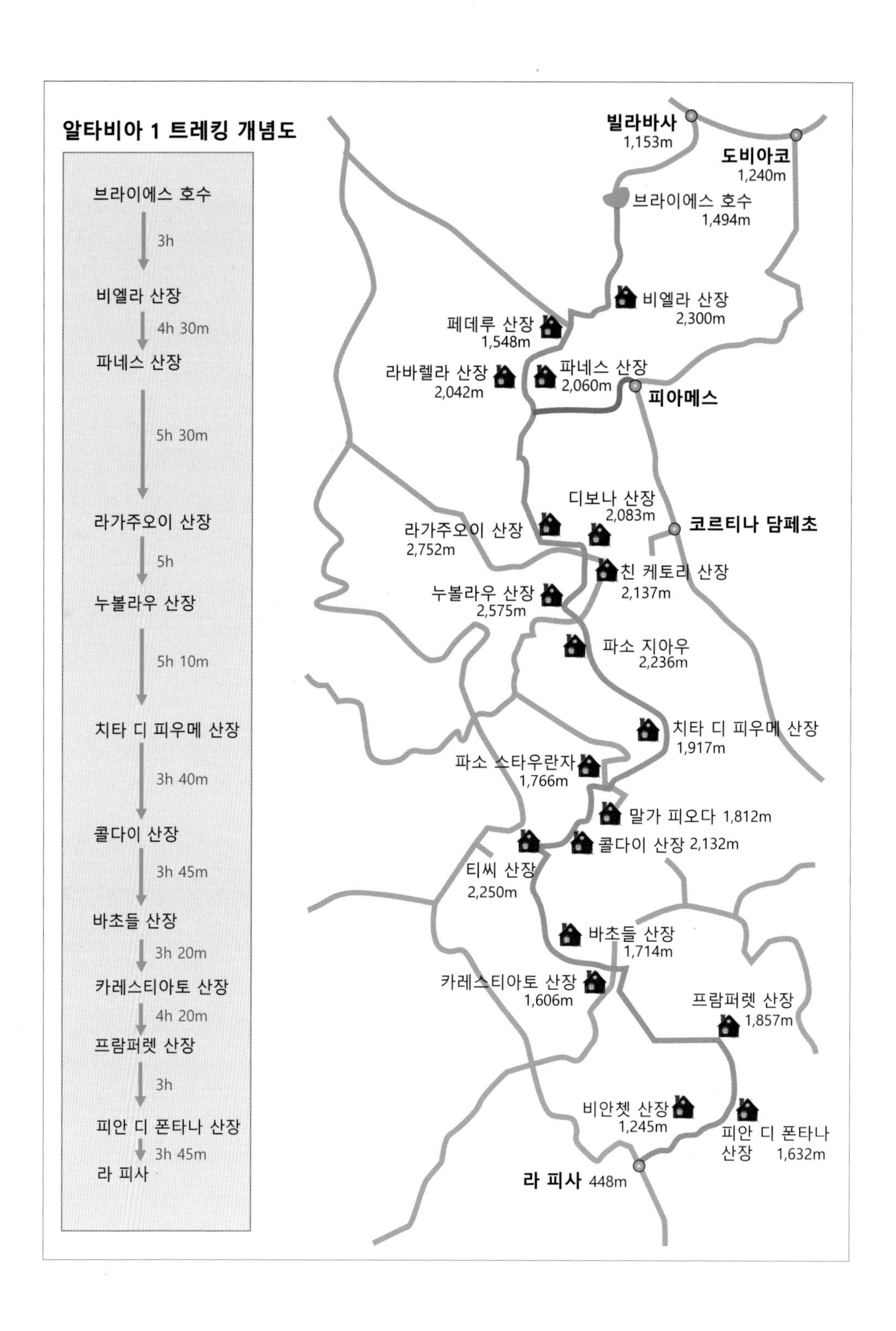

알타비아 1 트레킹 개념도
브라이에스 호수
3h
비엘라 산장
4h 30m
파네스 산장
5h 30m
라가주오이 산장
5h
누볼라우 산장
5h 10m
치타 디 피우메 산장
3h 40m
콜다이 산장
3h 45m
바초들 산장
3h 20m
카레스티아토 산장
4h 20m
프람퍼렛 산장
3h
피안 디 폰타나 산장
3h 45m
라 피사
빌라바사
1,153m
도비아코
1,240m
브라이에스 호수
1,494m
비엘라 산장
2,300m
페데루 산장
1,548m
라바렐라 산장
2,042m
파네스 산장
2,060m
피아메스
디보나 산장
2,083m
코르티나 담페초
라가주오이 산장
2,752m
친 케토리 산장
2,137m
누볼라우 산장
2,575m
파소 지아우
2,236m
치타 디 피우메 산장
1,917m
파소 스타우란자
1,766m
말가 피오다 1,812m
콜다이 산장 2,132m
티씨 산장
2,250m
바초들 산장
1,714m
카레스티아토 산장
1,606m
프람퍼렛 산장
1,857m
비안첫 산장
1,245m
피안 디 폰타나
산장 1,632m
라 피사 448m

심 지역을 북쪽에서 남쪽으로 종주하는 코스로 약 150㎞에 이른다. 이 코스는 브라이에스 호수*Lago di Braies*에서 시작해 벨루노*Belluno*까지 이어지지만, 파쏘 듀란*Passo Duran*까지의 7일 일정으로 마무리하는 것이 일반적이다.

돌로미티의 날씨

여행에서 날씨의 중요성은 말할 나위 없이 중요하다. 날씨는 여행의 가장 큰 변수로 돌로미티는 산악지대이기 때문에 날씨 변덕이 특히 심해 수시로 날씨 사이트나 어플을 살펴보면서 날씨를 확인해야 한다. 여행할 때는 일반화된 어플인 아큐웨더*Accuweather*나 웨더 채널*Weather Channel* 등을 많이 확인하는데, 돌로미티에서는 이 지역에 특화된 날씨 사이트나 이탈리아에 특화된 일기예보 어플을 확인하면 좀 더 정확한 정보를 얻을 수 있다.

윈디

앱을 실행시키면 움직이는 방향성을 가진 입자들은 바람의 방향과 속도를 시각화한 것으로 기상 변화를 이해할 수 있다.

윈디는 3시간 단위로 기상 변화를 볼 수 있고 6일간 예보를 알 수 있다. 위쪽에서부터 아래로 기상 상태와 기온, 강수량, 바람과 돌풍, 풍향 순으로 정리되어 있다. 프리미엄을 사용한다면 1시간 간격의 예보와 최대 10일 예보를 알려준다.

윈디의 장점은 각 지역의 실시간 날씨를 캠으로 확인할 수 있다는 점이다. 또한, 날씨 레이더, 위성사진, 바람, 번개, 기온, 구름, 파도 등 51가지의 기상 요소들을 시각화하여 보여 준다. 또한 5개의 수치 예보 모델의 예상 날씨 결과를 보여

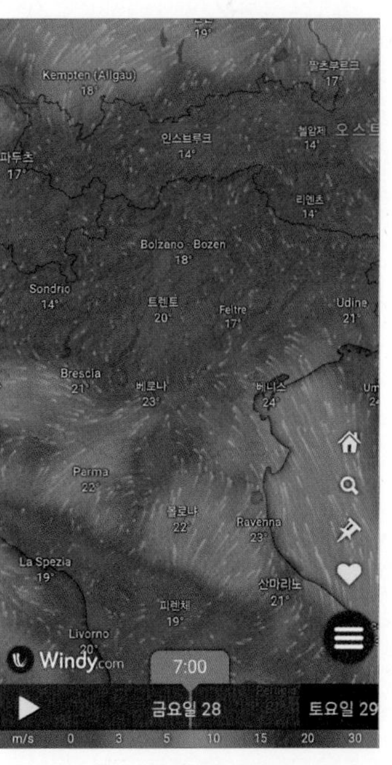

윈디의 모바일 앱 초기화면

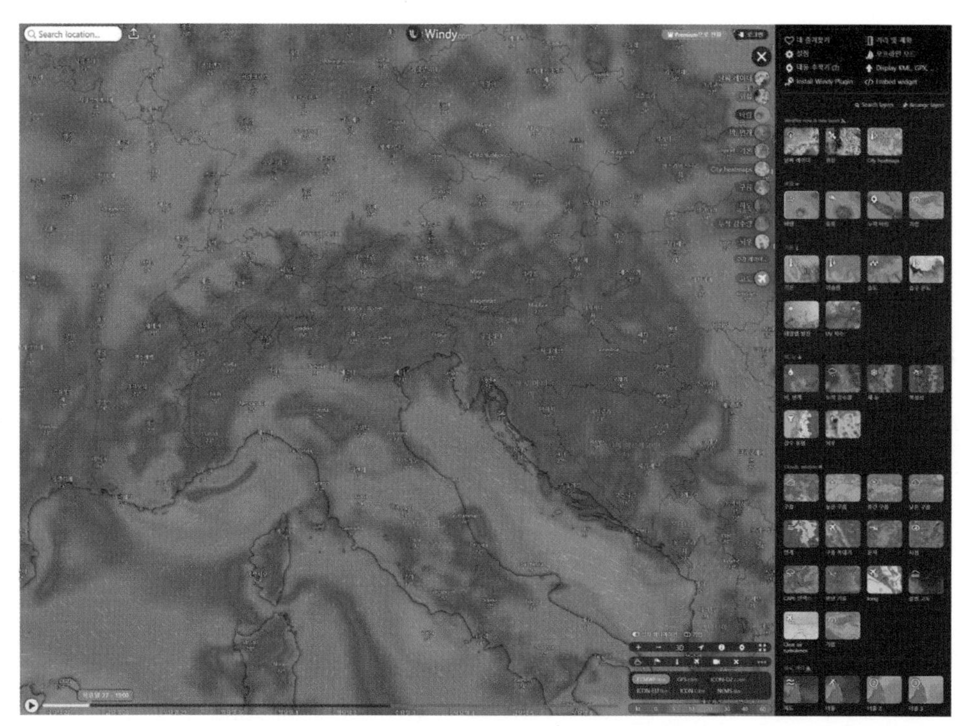

윈디의 PC 화면. 이탈리아 주변의 기상 현황.
지역과 그 지역의 기온, 주변의 풍향이 표시되어 있고 우측 메뉴에는 51가지의 시상 요소가 있다.

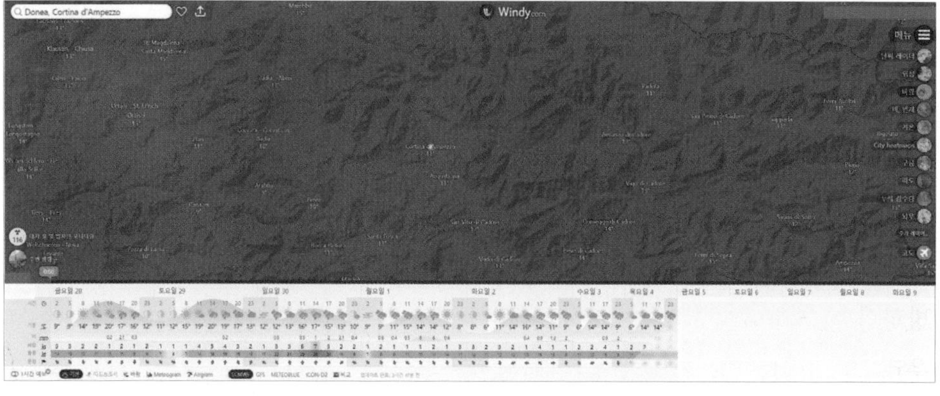

윈디의 PC 화면. 코르티나 담페초의 6일간 기상 현황

주어 정확도를 높여 평균적 날씨를 알 수 있다. 우리나라뿐 아니라 전 세계의 날씨를 알 수 있는 유용한 앱이다.

www.windy.com

돌로미티 메테오

돌로미티 메테오*Dolomiti Meteo*는 이름에서도 드러나는 것처럼 돌로미티 지역을 메인으로 예보하는 일기예보 사이트이다. 이 사이트의 장점은 지역을 아주 세분화하여 예보하고 있어 정확하고 자세한 정보를 얻을 수 있다는 것이다.

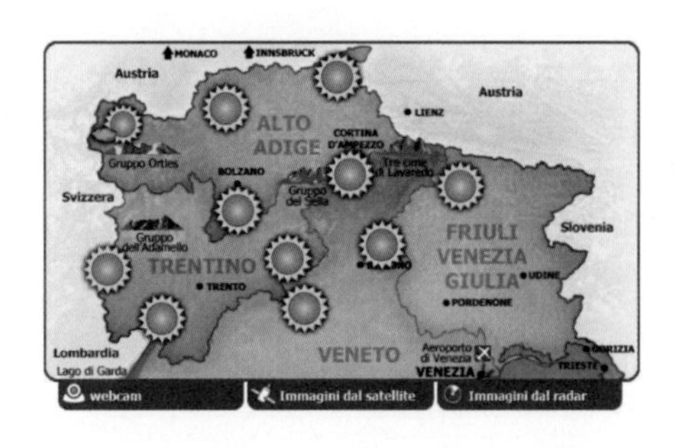

돌로미티 지역은 사우스 티롤(알토아디제), 트렌티노, 베네토 지역으로 구분되는데, 앱에서 각 지역을 먼저 선택하고 그 지역에 속한 마을을 세분하여 선택하여 검색하면 작은 지역 단위로 일기예보를 알려 준다.

이 세밀한 예보는 같은 지역이라도 어떤 곳은 비가 오고 날씨가 흐리나 어떤 곳은 날씨가 맑을 것을 직접 경험할 수 있어 여행에 유용하다. 이런 일기예보를 활용하여 여행 지역을 선택한다면 조금 더 성공적인 여행 계획을 세울 수 있다. 일기예보에서 위성사진을 통하여 구름의 이동 방향을 이해한다면 날씨의 변화를 좀 더 세밀하게 예측할 수도 있다. 이탈리아는 우리나라와 마찬가지로 편서풍 지대이므로 일반적으로 서에서 동으로 바람이 불어 구름이 이동하지만 복잡한 산악 지형이므로 전형적인 패턴을 따르지 않는 것도 고려해야 한다.

www.dolomitimeteo.it

날씨와 옷차림

돌로미티의 겨울은 온통 스키를 타는 사람들의 천국이다. 그러나 스키를 타는 겨울철과는 다르게 자연을 감상하는 여름철 여행은 케이블카를 타고 이동하고 걸어야 하므로 무엇보다 케이블카의 운행 여부와 날씨가 중요하다. 5월 초는 웬만한 케이블카들은 운행하지 않는 시기이고, 등반해서 올라가서 정상 부근에 도착해도 산장 대부분이 문을 닫아 음식과 음료를 사 먹지 못하게 된다.

돌로미티의 날씨는 같은 달에도 시기에 따라 날씨와 기온이 급변하며, 산악 지형이라 하루 중에도 예상치 못한 날씨의 변화가 심한 곳이다. 5월 초에 대표적 트레킹 코스인 트레 치메 라바레도 *Tre Cime Lavaredo*에 방문한다면, 기온이 낮거나 날씨가 안 좋은 경우 교통을 통제하기 때문에 차가 안토르노 *Antorno* 호수까지만 갈 수 있어 트레 치메 트레킹의 시작점인 아우론조 산장까지 언덕길을 약 5.6㎞ 더 걸어가야 하는 일도 발생하는 등 기상과 기온에 따라 변수가 많은 곳이다.

돌로미티에서는 6월 정도가 되어야 기온도 적응할 정도가 되고 케이블카들이 정상적으로 운행하기 시작하지만, 눈이 덮여 있는 곳이 많다. 돌로미티 트레킹의 가장 적기는 기온 상으로는 7월 초부터 8월 말까지이다. 여행이 7월 초라면 눈이 거의 녹기 시작하여 어느 곳이든 지천으로 깔린 야생화를 감상하며 걸을 수 있다.

돌로미티는 산악 지형이므로 기온이 평지보다 10℃ 정도 낮으며 하루 중에서도 일기 변화가 심하다. 요즘은 기상이변이 일반화되어서인지 예측된 기후가 상상과는 달리 전개되는 경우가 많다. 2019년 7~8월의 날씨는 최저 10℃, 최고 25℃ 정도로 활동하기에 가장 좋은 기온과 화창한 날씨가 많았다. 2023년 여름에 방문하였을 때는 예년 기온에 맞춰 옷을 준비해 갔는데 생각보다 기온이 낮아 추위와 싸우며 지내야 했다. 여행 기간 내내 최저 0℃, 최고 20℃ 정도로 최저 기온이 너무 낮아서 아침 무렵이나 비가 오는 날이나 밤에 별을 볼 때는 추위에 고생했다. 따라서 산악지역에서는 그 지역의 일기예보보다도 기온이 더 내려간다고 생각하고 한여름이라도 추위를 대비하여 긴팔과 가벼운 패딩은 필수임을 잊지 말자.

돌로미티에서의 경험으로 보면 주간일기예보에 일주일 내내 비가 예보되었지만,

날씨가 변덕스러워 비가 오는 날보다 맑은 날이 더 많았고, 비가 내리더라도 일시적으로 내린 후 맑아지는 경우도 많았다. 또한, 맑은 날이라고 예보되었어도 비가 일시적으로 내리는 경우가 많았다. 따라서 돌로미티에서는 보온에 신경을 쓰고 비에 대비하여 방수 의류나 우비 등도 지참하면 좋다. 맑은 날에도 산 위의 날씨는 꽤 쌀쌀하여 다양한 날씨와 기온에 대비할 수 있는 옷차림이 필요하므로 사계절 옷을 다 준비하는 것이 좋다.

돌로미티 기타 정보

슈퍼썸머카드 *SuperSummer Card*

돌로미티 지역의 케이블카를 무제한으로 이용할 수 있는 '돌로미티 슈퍼썸머카드'를 활용하면 돌로미티 여행을 더욱 알차게 즐길 수 있다. 이 카드의 가격은 매년 오르고 있는데, 2024년 현재 가격은 성인 기준 1일권 62유로, 3일권 135유로, 5일권은 175유로이다.

돌로미티 슈퍼썸머카드는 사용 기간이 정해져 있다. 예를 들면 5일권은 구매일로부터 7일 동안만 유효한 카드로 7일 중 5일을 사용할 수 있다. 사용 일자는 카드를 처음 사용할 때 체크되므로 처음 사용한 날을 1일로 하여 총 5일간 사용할 수 있다. 이용 시에는 사용 일자가 체크 되며, 하루가 차감된다.

돌로미티 슈퍼썸머카드는 사용하는 기간에 따라 가격이 달라지므로 여행 기간을 고려하여 3일권, 5일권을 구입해야 하고 케이블카를 타야 하는 일정만 몰아서 계획하는 것이 중요하다.

케이블카를 타야 할 여행지를 구분해 보면

- 케이블카 탈 필요가 없는 곳: 트레 치메, 미수리나 호수, 산타 막달레나, 브라이에스 호수, 도비아코 호수, 카레짜 호수, 소라피스 호수, 라 발레 등
- 케이블카 타야 하는 곳: 친퀘토리, 누볼라우 산장, 토파나, 라가주오이 산장, 파쏘 팔자레고, 파쏘 포르도이, 사쏘 룽고, 세체다, 레시에사 트레킹, 알페 디 시우시, 마르몰라다, 로다 디 바엘 산장, 비엘 달 판 트레킹 등

케이블카를 많이 타지 않는다면 카드를 사는 것이 손해일 수도 있으니, 구매를 결정하기 전에 케이블카 개별권을 구입했을 때의 가격과 비교하는 것이 좋다. 슈퍼썸머카드는 사용 당일 현장에서 구입할 수도 있고 웹사이트에서 미리 구입한 후에 티켓판매소 픽업박스에서 실물 티켓을 받아서 사용할 수도 있으며 가격은 같다.

2024년도 케이블카 운영 기간은 5월 9일~11월 10일까지이며, 케이블카마다 운영 기간은 다르니 일정은 홈페이지를 참고하는 것이 좋다. 계절에 따라 케이블권과 스키권으로 나누어지며, 온라인 구입처는 다음과 같다.

www.dolomitisuperski.com

2024년 경우 돌로미티의 시즌은 아래와 같다.

- 겨울 시즌: 2023. 11. 25. ~ 2024. 5. 1.
- 여름 시즌: 2024. 5. 9. ~ 2024. 11. 10.

각 지역에서 운영하는 케이블카*Lift*의 개수와 운영 시즌, 지도 등의 정보는 다음의 사이트에서 확인할 수 있다.

www.dolomitisuperski.com/en/SuperSummer/Open-Lifts

돌로미티 용어

여행 기간 중 지명을 살펴보면 공통된 단어나 어두가 쓰이곤 한다. 다음의 이탈리아어 단어들을 이해하면 지명을 쉽게 이해할 수 있다.

단어	뜻	예
알페Alpe	알프스	Alpe di Siusi
알타Alta	높은, 높다	Alta via, 높은 길high route
비아Via	길	Via Ferrata
사쏘Sasso	거대한 바위	Sasso Lungo, Sasso Pordoi
사스sass	산	Sass Pordoi
파쏘Passo	큰 고개	Passo Giau
패스Pass	고개, Passo의 독일어	Pordoi Pass, Cortina Vertical Pass
라고Lago	호수	Lago di Sorapis
리푸지오Rifugio	산장	Rifugio Averau
트레Tre	숫자 3	Tre Cime(3개 봉우리)
친퀘Cinque	숫자 5개	Cinque Torri(5개의 탑)
발Val	계곡	Val Gardena
몬테Monte	산	Monte Pana, Monte Pelmo
크로다Croda	절벽	Croda da Lago(산군 이름)
푼타Punta	침봉, 끝, 첨단	Punta Penia(마르몰라다 최고봉)
치마Cima	산의 정상, 봉우리, 꼭대기	Cima Grande(트레 치메 봉우리 명)
포르셀라Forcella	고개 중턱, 측면	Forcella Lavaredo(트레 치메 측면)

코르티나 담페초 지역

SUMMARY

Cortina d'Ampezzo

코르티나 담페초 지역

돌로미티는 크게 볼차노를 중심으로 한 서부와 코르티나 담페초를 중심으로 한 동부 지역으로 나뉜다.

코르티나 담페초는 동부 돌로미티의 중심도시로 인구는 1만 명에 지나지 않지만, 관광도시의 면모를 갖추고 있다. 가장 유명한 곳은 '트레 치메 디 라바레도'이다. 라바레도 주변은 트레킹과 함께 간단한 등반도 즐길 수 있으며, 자연공원 입구에 있는 미수리나 호수 근처에는 캠핑장과 슈퍼마켓, 호텔 등 편의시설이 많은 곳이다.

코르티나 담페초에서 토파네(3,243m) 정상까지 케이블카가 운행하여 쉽게 오를 수 있어 정상에 있는 전망대에서는 광활한 주변 풍경을 조망할 수 있다.

코르티나 담페초에서는 전후좌우를 둘러봐도 아찔한 고봉의 암벽들이 우뚝우뚝 솟아 있다. 동부 돌로미티는 트레 치메 디 라바레도(3,303m)와 치베타 산군(3,220m)이 둘러볼 만하다. 멀리 보이는 만년설에 둘러싸인 고봉과 아래쪽 산허리에 무성한 녹색 침엽수림이 조화를 이뤄 장관을 연출한다. 이외에 브라이에스 호수, 소라피스 호수, 라가주오이 산장, 친퀘토리 등 돌아볼 만할 아름다운 명소가 가득한 곳이다.

돌로미티 여행이나 등반의 적기는 7월 중순에서 9월 말로, 이 시기에는 모든 산장이 문을 열어 편의시설도 이용할 수 있다. 이 계절은 관광객이 많아 주요 산장이나 호텔은 예약이 필요하다.

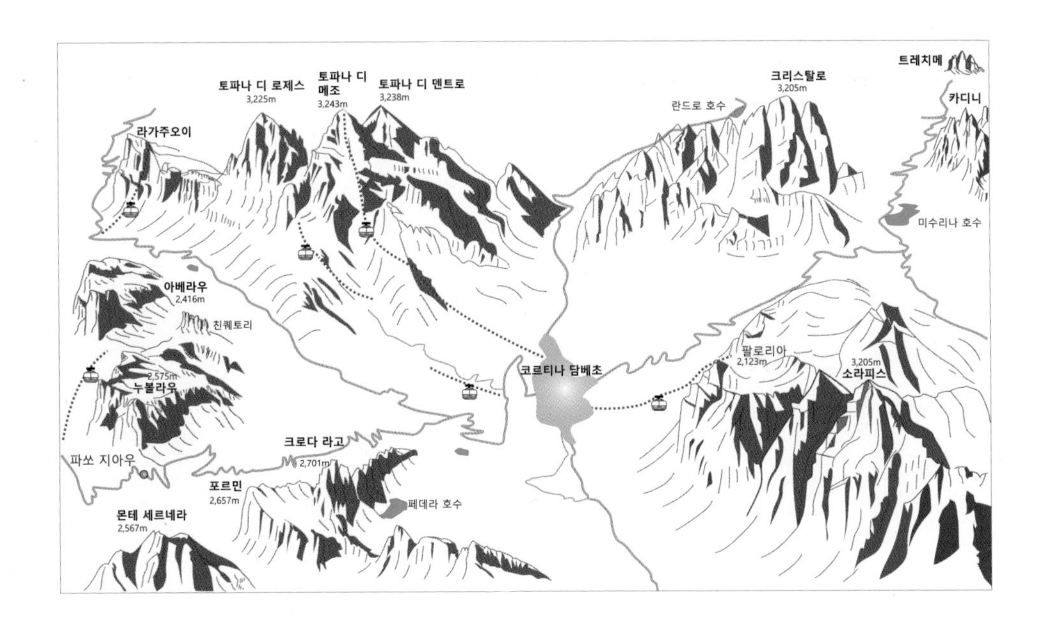

실질적으로 6월부터 등반과 걷기 여행은 가능하다. 겨울철에는 눈이 많이 내려 초원지대는 모두 스키장이 된다. 오랫동안 자연환경에 적응하며 살아온 돌로미티 사람들은 폭설이 와도 몇 시간이면 제설작업을 마치기 때문에 이동에 불편함은 없다.

코르티나 담페초 *Cortina d'Ampezzo*

코르티나 담페초는 이탈리아 알프스의 한가운데에 있는 순수한 아름다움을 갖춘 보석 같은 도시이다. 암페초 계곡*Ampezzo Valley*에 위치한 이곳은 유네스코 세계문화유산으로 지정된 돌로미티의 가장 아름다운 봉우리들로 둘러싸여 있다.

베네치아에서 북쪽으로 2시간 거리에 있어 여행자 대부분이 처음으로 만나는 관문이 되는 도시이다. 코르티나 담페초는 크리스탈로*Cristallo* 산군, 토파나*Tofana* 산군 그리고 팔로리아*Faloria* 산군 등 엄청난 산봉우리들에 둘러싸인 마을이다. 이 코르티나 담페초에서는 어느 쪽 케이블카를 타고 올라가더라도 그곳에 있는 산장의 레스토랑에서 여유 있게 앉아 사방을 둘러싸고 있는 파노라믹한 산군들을 구경할 수 있다. 넓은 암페초 계곡과 이를 둘러싼 돌로미티 산군들은 코르티나 담페초 지역을 스포츠 애호가와 스포츠 이벤트를 위한 최적의 장소로 손색이 없도록 만들었다.

코르티나 담페초는 인구 6,000여 명의 작은 도시로 1956년 제7회 동계올림픽, 2021년 세계 스키 선수권 대회가 열린 곳이다. 밀라노와 공동으로 2026년 동계올림픽*2026 Winter Olympics*과 2026년 동계 패럴림픽*2026 Winter Paralympics*을 개최할 예정이다.

주민들이 자랑하는 것 중 하나는 약 10년 전에 복원되어 예전의 영광을 되찾은 성 필립과 야고보 교회이다. 건축가 조셉 프롬퍼그*Joseph Promperg*의 디자인에 따

비 오는 날의 코르티나 담페초 시내 모습

코르티나 담페초 SR48번 도로. 중앙의 산타 줄리아나 교회 위에 포마가뇽 산이 병풍처럼 서 있다.

라 바로크 양식으로 지어진 성당으로 종탑은 도시의 상징이 되어 위에서 내려다보는 전망은 그야말로 압도적이며, 외관에는 이 장소의 수호성인인 필립과 야고보의 두 동상이 보존되어 있다.

성 필립과 야고보 교회와 시내 모습

돌로미티 최대의 거점 마을로서 각종 편의시설과 다양한 숙박시설이 갖추어져 있어 트레킹, 등산, 클라이밍, 사이클, 바이크, 드라이브, 스키, 스노보드 등 산악 스포츠의 중심지이며 이탈리아 북부 최고 휴양지이다.

Mount Faloria

팔로리아 산

가는길

- 팔로리아 산을 가는 케이블카 승강장이 코르티나 담페초 시내에 위치하여 접근성이 좋다.

케이블카 운행 정보

- 시간: 08:30~16:30(15분 간격)
- 비용: (왕복) 성인 25유로,
  (왕복) 어린이 19유로

주차

- 케이블카 앞 주차장, 주차장 앞이 도심제한구역인 ZTL 구간이니 주의를 요한다.
- 비용: 시간당 1유로

팔로리아 산*Mount Faloria*은 이탈리아 북부 알프스에 있는 고도 2,352m의 산으로 코르티나 담페초 근처에 위치해 있다. 1956년 동계올림픽 남자 대회 전 경기가 열린 이곳 팔로리아 스키장에서 스키 선수인 오스트리아의 토니 세일러*Toni Sailer*가 세 번의 우승 중 첫 번째 금메달을 획득한 역사가 있는 곳이다.

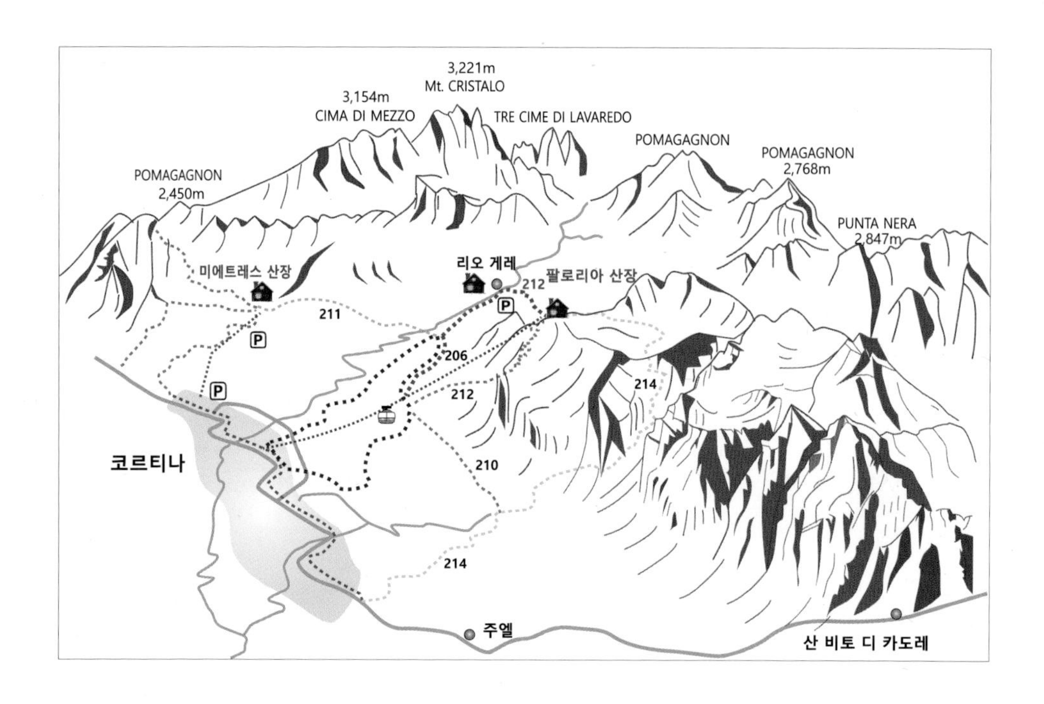

해발 2,123m에 위치한 팔로리아 전망대에 오르면 코르티나 담페초와 돌로미티 세계문화유산 지역에서 가장 유명한 봉우리들의 장관을 볼 수 있다. 크리스탈로 *Cristallo* 산군, 크로다 로사 *Croda Rossa*, 포마가뇽 *Pomagagnon* 산군, 토파네 *Tofane* 산군, 크로다 다 라고 *Croda da Lago* 산맥 및 베코 디 메조디 *Becco di Mezzodi* 뿐만 아니라 멀리 있는 봉우리인 펠모 *Pelmo*, 치베타 *Civetta*, 마르몰라다 *Marmolada* 등 코르티나 주변의 아름다운 산을 감상할 수 있는 가장 좋은 곳에 위치해 있다. 더불어 돌로미티에서 관광객들이 가장 많이 찾는 트레 치메 디 라바레도 *Tre Cime di Lavaredo* 의 아름다운 경치를 감상하기에 이상적인 위치이다.

팔로리아 산장의 웅장한 자연이 만든 평탄한 테라스는 코르티나 담페초 중심부에서 팔로리아 케이블카를 통해 바로 연결된다. 리프트는 코르티나 담페초에서 해발 1,500m의 만드레스 *Mandres* 에 중간역이 있고 다시 정상까지 케이블카로 연결되는 두 구역으로 구성되어 있다. 리프트는 50인승으로 약 900m의 고도를 10여 분이면 도착한다. 첫 번째 코르티나~만드레스 구간은 적당한 경사를 가지며 코

팔로리아 산장

르티나 주변 경사면의 숲을 통과한다. 두 번째 만드레스~플로리아 구간은 아찔한 경사를 따라 바위 박차를 따라 올라가는데, 오르는 것 자체가 스릴 넘치는 경험이 된다.

2,120m 높이의 정상에 도착하면 팔로리아 산장이 먼저 눈에 들어온다. 산장은 평평한 지형의 자연 테라스 위에 지어졌고 건물 앞에 넓게 펼쳐진 나무데크 테라스에서 바라보는 토파네 그룹의 전망이 매우 아름답다. 팔로리아 산장에서는 식사를 할 수 있으며, 2020년 겨울부터는 숙박도 가능해 하룻밤 묵을 수도 있다.

팔로리아 산장 바로 뒤에 산이 포마가뇽 산군, 우측 뾰족한 산이 크리스탈로 산군이다.

팔로리아 트레킹

① 팔로리아 산장 ~ 리오 게레 ~ 만드레스 역(녹색 트레일)

- 이동 거리 및 소요 시간: 리오 게레 3.7㎞, 1.5시간 + 만드레스 역 3.4㎞, 1.5시간 = 총 3시간
- 난이도: 중하

코르티나에서 팔로리아 산장까지 리프트를 타고 오른 다음 팔로리아 산장에서 돌로미티 순환 트랙 212번을 타고 내려가는 길이다. 길은 전체적으로 걷기에 편하고, 특히 파노라마 경관을 감상할 수 있는 4㎞도 채 안 되는 짧은 거리로 작은 마을인 리오 게레*Rio Gere*에 도달할 때까지 내리막길을 따라가게 된다.

완만한 경사를 지닌 이 길은 처음에는 바위 봉우리가 있는 능선을 따라 걷다가 낙엽송, 전나무 숲으로 이어진다. 토파네 및 포마가뇽, 크리스탈로 산군 및 담페초 밸리의 멋진 전망을 볼 수 있다.

리오 게레에서 돌로미티 버스 시간표를 확인하고 대중교통을 이용하거나 211번 트랙을 타고 알파인 농장 및 레스토랑인 엘 브라이트 데 라리에토*El Brite de Larieto*에 도달한 후 206번 트랙을 따라 코르티나에 도착할

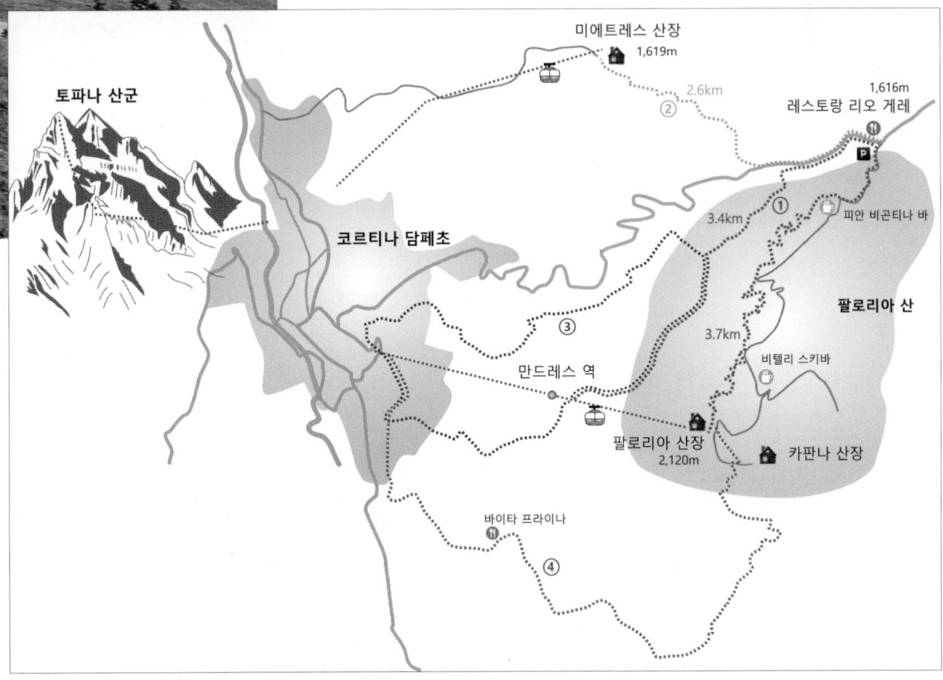

트레킹 중 팔로리아 산장 쪽을 바라본 모습

수 있다. 또한, 팔로리아 케이블카 중간 정류장인 만드레스에서 케이블카를 타고 코르티나 중심부까지 내려갈 수 있다.

② 리오 게레 ~ 미에트레스 산장(211번 청색 트레일)

- 이동 거리: 왕복 5.2㎞
- 소요 시간: 1시간 30분
- 난이도: 하

리오 게레 주차장에서 주차장 오른쪽의 계곡 방향으로 출발하여 211번 트랙을 따라 1.4㎞ 거리를 20분 정도 도보로 걷다 보면 전통적인 산장인 엘 브라이트 데

엘 브라이트 데 라리에토 산장

라리에토*El Brite de Larieto* 산장에 도달할 수 있다. 현지 방언으로 '브라이트'는 산장을 의미하고, '라리에토'는 산장을 둘러싼 낙엽송 숲을 뜻한다.

실제 엘 브라이트 데 라리에토로 가는 길은 유럽에서 가장 큰 낙엽송 숲으로 이어진다. 이 길은 고도차가 거의 없는 평탄한 길로 봄에는 붉은 원뿔과 부드럽고 연한 녹색 바늘로 덮인 낙엽송을 볼 수 있다. 가을에는 이 멋진 나무들이 주황색, 노란색, 빨간색의 따뜻한 색조를 띠며 마법 같은 분위기를 연출해 넋을 잃게 만든다. 길을 따라가다 보면 길 왼편으로 팔로리아 산과 스키 슬로프의 풍경을 자주 볼 수 있다.

길을 따라가면 풀을 뜯고 있는 소와 말, 또는 헛간에 있는 소들을 볼 수 있다. 산장의 넓은 야외 테라스는 버터, 치즈, 요구르트, 아이스크림, 빵, 육류 및 절인 육류 제품이 모두 현지에서 생산되는 진정한 전통 요리법과 스낵을 맛볼 수 있는 완

미에트레스 산장

벽한 장소를 제공한다.

30분 정도 걷다 보면 길이 갈라지는데 왼쪽 길로 걷는다. 몇 분 더 지나면 낙엽송 숲과 멋진 산으로 둘러싸인 아름다운 풍경이 탁 트인 공간으로 나타난다. 돌로미티의 360° 전망과 함께 자연의 아름다움에 눈이 번쩍 뜨일 것이다. 미에트레스 산장 *Rifugio Mietres* 너머로는 포마가뇽 산봉우리와 크리스탈로 산군이 인상적으로 보이며, 왼편으로는 팔로리아 산과 소라피스 산, 토파네 산군의 봉우리와 담페초 계곡 전체가 보인다.

산장에 사전 예약하여 하룻밤을 보낸다면, 산장의 넓은 테라스에서 황혼까지 햇빛이 가득함을 즐길 수 있으며, 테마 있는 저녁 식사 및 음악의 밤 외에도 나무 욕조 온수에서 휴식을 취하고 핀란드식 사우나를 이용할 수 있다.

돌아올 때는 왔던 길을 다시 돌아와도 되고 체어리프트를 타고 코르티나 담페초로 내려가도 된다.

③ 팔로리아 산 측면 트레킹(보라색 트레일)

- 이동 거리: 8㎞
- 소요 시간: 3시간
- 고도증가: 445m
- 난이도: 중

팔로리아 산 정상 부근에서 내려오면서 보이는 모습

이 산책 코스의 절반은 비포장인 자갈길로 중급의 트레일이다. 코르티나 담페초 도시에서 직접 걷고 싶다면 이 산책이 가장 완벽하다. 마을 중심부에서 시작하여 고산 마을의 건물과 특징을 감상한 후 소나무 숲을 통과해 올라간다. 일단 수목 한계선 위로 올라가면 위쪽 절벽과 계곡 너머 반대편 산까지 멋진 전망이 펼쳐진다. 팔로리아 케이블카 아래로 걸어가면 꽤 먼 거리에 있는 상부 역의 멋진 전망을 감상할 수 있다.

걸을 때 약간의 경사가 있는 비탈이 있지만 많이 힘들지는 않다. 오가며 볼 수 있는 전망은 등산의 어려움을 보상하기에 충분하다. 만드레스 역에서 케이블카를 타고 내려와도 되지만 걸어서 내려갈 수도 있다. 내려가는 길에는 자갈길과 작은 길을 따라 걷다가 정말 그림 같은 마을인 페콜*Pecol*을 통과한다. 마을의 많은 집의 테라스에 장식된 꽃들이 눈을 더 즐겁게 한다. 시간이 조금 부족하지만, 돌로미티의 아름다움을 맛보고 싶은 여행객이라면 이 산책이 가장 적합하다.

④ 코르티나 담페초~팔로리아 산~발 오리타 계곡~코르티나 담페초(검은색 트레일)

- 이동 거리: 7.5㎞
- 소요 시간: 3시간
- 고도차: 팔로리아 산장 기준 상승 156m, 하강 1,058m
- 난이도: 중

팔로리아 산으로 올라가 발 오리타 계곡*Val Orita Valley*을 통과하는 코스로 코르티나 중심부가 시작과 종점인 파노라마 순환 하이킹이다.

코르티나 중심부에서 케이블카를 타고 플로리아 산장까지 오른다. 높은 위치에서 암페초 계곡 전체를 조망할 수 있으며, 월드컵 경기에 스키 슬로프가 사용되는 토파네 산과 트레 치메 라바레도 산까지 완벽한 전망을 볼 수 있다.

산장에서 카판나 톤디 산장*Rifugio Capanna Tondi* 방향을 향해 213번 트랙으로 표시된 다리 길을 타고 산장 카판나 톤디 근처의 214번 트랙 교차로까지 걷는다. 여기서 위에서 본 푼타 네라*Punta Nera*와 소라피스*Sorapis*, 발 오리타*Val Orita* 등의 뾰족한 봉우리 외에도 암페초 계곡 전체가 멋진 전망으로 다가온다.

발 오리타 계곡으로 내려가기 직전의 전경. 중앙의 뾰족한 산이 펠모 산이다.

이 계곡은 흘러내린 암석 잔해가 흩어져 있으며 소라피스 산맥의 일부인 크로다 로타 *Croda Rota* 기슭에 위치해 있다. 걷다가 교차로를 만나면 발 계곡을 통해 내리막으로 이어지는 214번 트랙을 걷는다. 오리타 계곡은 소나무 사이의 고적한 길을 따라가다 보면 예상치 못한 풍경과 야생동물을 볼 수 있다. 계곡의 끝에서, 길은 숲으로 들어가고, 곧 쉬운 길을 따라 걷다 보면 바이타 프레이나 *Baita Fraina* 에 도달하게 된다.

바이타 프레이나에서 코자나 *Cojana* 마을을 거쳐 사용되지 않는 철로를 따라 보도까지 내려갈 수 있으며, 이 길을 이용하면 단 30분 만에 시내 중심가에 도달할 수 있다.

코르티나 담페초의 별. 2019.
(Nikon D810 / Apperture F2.8 / Focal length 14mm / ISO 3,200 / Sutter speed 30s)

Tofana Group

토파나 그룹

가는길

- 토파나 산군으로 가는 프레치아 넬 시엘로 케이블카 탑승장은 올림픽 아이스 스타디움 좌측에 위치하므로 아이스 스타디움을 목적지로 설정해서 찾아가면 된다.

케이블카 운행 정보

- 시간: (코르티나~콜 두르치) 09:00~17:10
  (콜 두르치~라 발레스) 09:00~17:00
  (라 발레스~치마 토파나) 09:00~16:50
- 비용: 전체 구간 = 76유로(왕복)
  코르티나 담페토~콜 두르치
  = 1구간 18유로(왕복)
  콜 두르치~라 발레스
  = 2구간 30유로(왕복)
  라 발레스~치마 토파나
  = 3구간 38유로(왕복)
- 코르티나 버티컬 패스는 코르티나 담페초 지역의 곤돌라, 케이블카 등을 무제한으로 이용할 수 있는 티켓이다. 가격은 42유로이며 친퀘토리, 토파나 등의 케이블카를 이용할 수 있다.
- 돌로미티 슈퍼썸머카드를 이용할 수 있다.

주차

- 케이블카 탑승장 주차장 이용
- 비용: 1회당 5유로

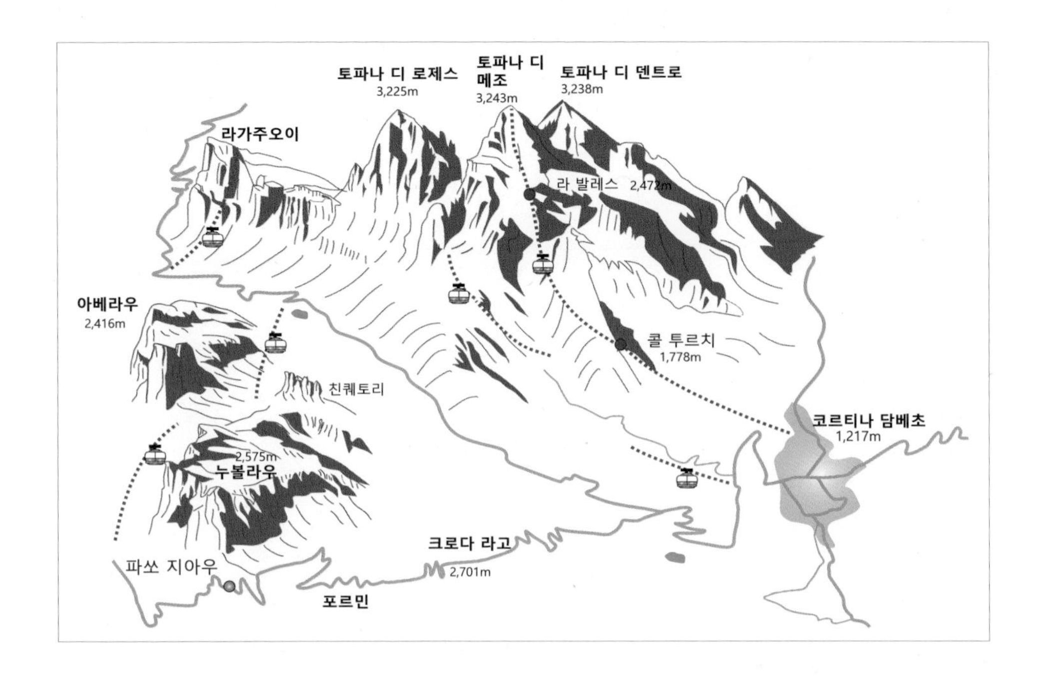

3,244m의 고도를 가진 토파나는 코르티나 담페초 지역에서 가장 높은 봉우리이자 돌로미티에서는 세 번째로 높은 봉우리이다. 토파나 그룹은 높이가 3,000m급인 토파나 디 메조*Tofana di Mezzo*, 토파나 디 덴트로*Tofana di Dentro*, 토파나 디 로제스*Tofana di Rozes* 세 개의 봉우리로 이루어져 있다. 토파나 디 메조는 동부 알프스의 마르몰라다*Marmolada*와 더불어 케이블카로 도달할 수 있는 두 개의 가장 높은 봉우리 중 하나이다.

토파나 산군의 가장 높은 토파나 디 메조까지는 케이블카로 쉽게 오를 수 있다. 토파나 산이 3,000m급 산이고 곤돌라 승강장에서 고도차가 2,000m나 되다 보니, 케이블카로 한 번에 오르지 못하고 3번에 걸쳐 나누어 오른다. 첫 번째는 코르티나 마을 탑승장에서 곤돌라를 타고 1,778m 고도에 위치한 콜 두르치*Col Druscie*까지 올라간다. 여기서 케이블카로 환승하여 고도 2,472m에 위치한 라 발레스*Ra Valles*까지 올라간 다음, 다시 이곳에서 2차 환승하여 3,243m 고도를 가진 토파나 디 메조 정

친퀘토리에서 본 토파나 산군. 좌측의 정면 토파나 디 로제스(3,225m),
가운데 작은 뾰족 봉우리 토파나 디 덴트로(3,238m), 우측의 봉우리 토파나 디 메조(3,243m)이다.

상 부근까지 올라간다.

프레치아 넬 시엘로*Freccia nel Cielo* 케이블카 탑승장은 올림픽 아이스 스타디움 좌측에 위치하여 아이스 스타디움을 목적지로 설정해서 찾아가면 된다. 케이블카의 첫 운행 시간은 오전 9시이며 케이블카 탑승장은 주차장 진입 시 차단기 옆에서 주차 티켓을 받아 안으로 들어가고, 나올 때 주차비를 정산한 후 주차 티켓을 통해 차단기를 열고 나오는 방식이다. 2023년의 주차비는 1회당 5유로였다.

코르티나 담페초에서 라 발레스까지 가는 구간은 푸른 숲과 웅장하게 서 있는 크리스탈로 산군을 바라보며 올라가게 된다. 콜 두르치에서 라 발레스로 향하는 케이블카 아래를 내려다보면 하트 모양의 인공 호수가 나오는데 주변 숲과 어울린 아름다운 풍경이다.

콜 두르치 케이블카 승강장

토파나 정상 부근의 바 'Bar Cima Tofana'

라 발레스에서 마지막 케이블카를 타고 치마 토파나*Cima Tofana*까지 가는 구간은 고도가 높아서 숲은 사라지고 웅장한 돌로미티의 백운암이 이루는 풍경으로 급격히 변한다. 토파나 정상 부근에 도착하여 탑승장 밖으로 나와 넓은 테라스에 서서 바라보면 코르티나 마을이 조밀하고 귀엽게 보인다. 고도가 높은 곳이라 날씨가 급변하여 구름이 잔뜩 끼었다가 사라지곤 하니 구름이 끼었어도 실망하지 말고 기다려 보는 것이 지혜롭다.

발코니에서 케이블카 승강장 건물 뒤쪽에 있는 계단을 오르면 토파나 산 정상(3,243m)으로 갈 수 있다. 위험한 지역은 암벽에 와이어로프가 설치되어 있어 붙잡고 올라가야 한다. 토파나 디 메조 정상을 바라다보면 뾰족 봉우리가 퇴적암의 층리로

승강장에서 토파나 정상으로 올라가는 계단

계단을 이루고 있다. 과거 아프리카 판과 유럽판이 충돌하면서 바닷속 퇴적암이 솟아오른 지형임을 알 수 있다.

정상까지 거리가 100m 정도로 트레일은 길지 않지만 고도가 높아 서두르면 숨이 차오르기 때문에 천천히 이동해야 한다.

정상에 올라 구름 낀 산을 내려다보면 담페초*Ampezzo* 계곡과 가장 유명한 봉우리인 크로다 다 라고*Croda da Lago*, 라스토이 데 포르민*Lastoi de Formin*, 안텔라오*Antelao*, 소라피스*Sorapis* 및 크리스탈로*Cristallo* 산군 등이 만드는 웅장한 산맥, 침봉, 협곡, 낭떠러지, 암설, 구릉지, 고원 등 다양한 지형이 펼쳐진다.

토파나 디 메조 정상으로 가는 길

토파나 디 메조를 배경으로 찍은 코르티나 담페초의 별. 2019.
(Nikon D850 / Apperture F2.8 / Focal length 14mm / ISO 1,600 / Sutter speed 30s)

Tre Cime di Lavaredo

트레 치메 디 라바레도

가는길

- 코르티나 담페초에서 아우론조 산장까지는 약 22.3㎞로 자동차로 40분 정도 소요된다.
- 등산 코스: 아우론조 산장~라바레도 산장~로카텔리 산장~말가랑갈름 산장~아우론조 산장 회귀(101번 루트로 시작해서 105번 코스로 하산하는 트레 치메를 반시계 방향으로 한 바퀴 도는 루트)

주차

- 공간: 700대
- 시간: 오전 8시~오후 6시
  트레킹 코스의 시작점인 아우론조 산장 주차장에는 차량 200여 대를 주차할 수 있는데, 성수기에는 오전 8시 이전에 도착해야 주차가 가능하다. 무료 주차시간인 오후 늦게 도착하는 것도 방법이다.
- 비용: 하루 30유로(자동차),
  45유로(캠퍼밴),
  20유로(오토바이)

트레 치메 트레킹

높은 바위 선반, 푸르른 고산 초원, 탁 트인 산의 풍경을 가로지르는 돌로미티에서 가장 필수적인 트레킹 중 하나로 10.7㎞의 순환 루프를 걷는 쉬운 코스이다.

트레 치메 디 라바레도 *Tre Cime di Lavaredo* 의 트레 치메 *Tre Cime* 는 '세 개의 봉우리'라는 뜻의 이름처럼 세 개의 봉우리로 이루어진 거대한 암봉이 있는 곳이다. 치마 피콜라 *Cima Piccola*(2,857m), 치마 그란데 *Cima Grande*(2,999m), 치마 오베스트 *Cima Ovest*(2,973m) 등 세 개의 상징적인 봉우리로 구성되어 있다.

알프스의 남동쪽 모퉁이에 있는 이탈리아 돌로미티는 들쭉날쭉한 봉우리, 아찔한 경사면, 높은 고산 초원, 고산 호수의 탁 트인 전망으로 등산객을 유혹한다. 이 놀라운 풍경을 탐험하는 가장 좋은 방법은 어떤 길을 선택하느냐에 따라 느낌은 다르지만, 약 11㎞ 길이의 트레 치메 디 라바레도를 한 바퀴 도는 순환 루프를 걷는 것이다. 돌로미티 트레킹 코스 중 가장 하이라이트로 손꼽힌다. 트레 치메의 등산코스는 다양하지만, 일반적으로 101번 코스로 올라가서 105번 코스로 내려오는 루트를 선택한다.

로카텔리 산장 가는 중간에 있는 진지 동굴에서 바라본 트레 치메 디 라바레도

트레 치메 트레킹 요약

- 코스별 이동 거리 및 소요 시간: 아우론조 산장~라바레도 산장(1.7㎞, 40분)
  라바레도 산장~로카텔리 산장(3.2㎞, 1시간 10분)
  로카텔리 산장~말가 랑가름(3.2㎞, 1시간)
  말가 랑가름~아우론조 산장(2.5㎞, 1시간 10분)
- 이동 거리: 10.7㎞
- 소요 시간: 5시간
- 고도차: 425m(최저 2,185m에서 최고 2,445m)
- 난이도: 중

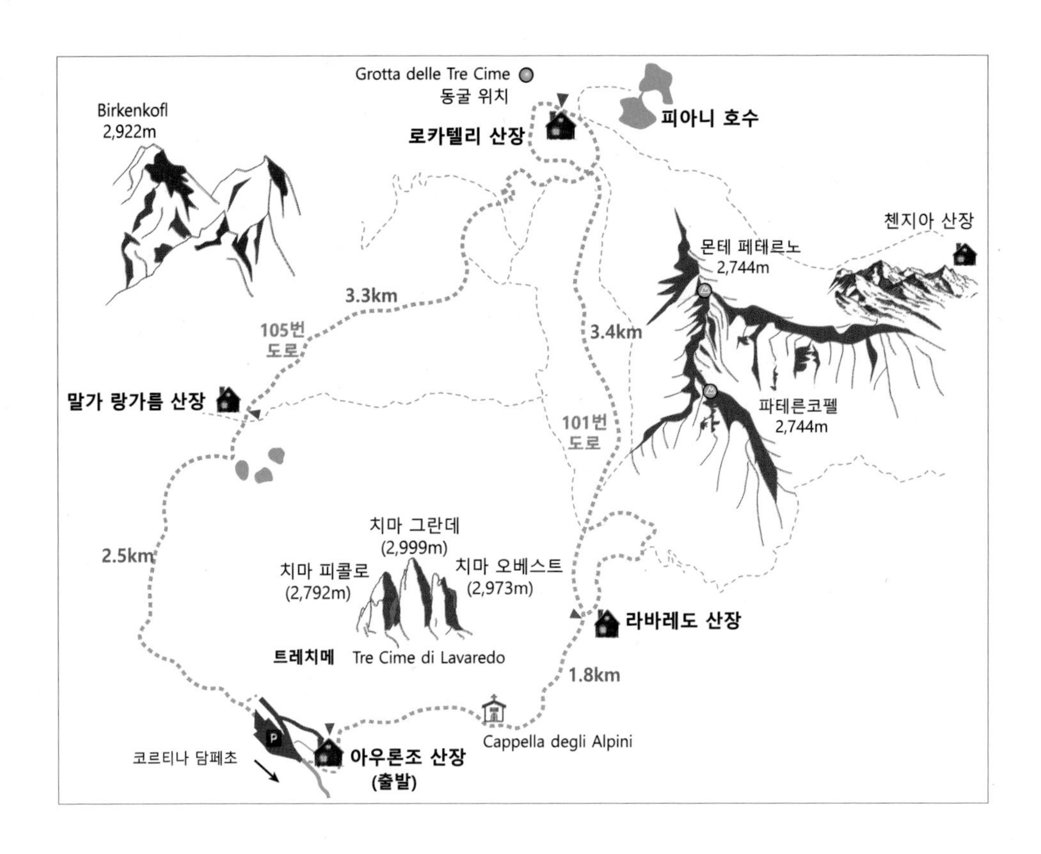

아우론조 산장 *Refusio Auronzo*

아우론조 산장 숙박 문의

✉ info@rifugioauronzo.it

이 길은 아우론조 산장에서 출발하여 트레 치메를 시계 반대 방향으로 돌아 로카텔리 산장을 거쳐 다시 아우론조 산장으로 회귀하는 루프 코스이다. 등산 난이도가 높다기보다는 쉬엄쉬엄 쉬어간다면 6시간 이상 걸리는 긴 코스여서 장시간 산행을 해본 적이 없는 분들이라면 체력적인 부분을 고려하고 도전하는 것을 추천한다.

트레 치메 디 라바레도 트레킹은 2,333m 고도에 있는 아우론조 산장에서 시작된다. 아우론조 산장에서 반시계 방향으로 돌기 시작하는 트레킹은 평지를 걷는 기분

출발 지역인 아우론조 산장과 뾰족한 카디니 산군 봉우리들

으로 힘들지 않은 산행이다.

길이 좋아 편안한 트레킹을 할 수 있으며 트레킹 중 보이는 길가의 야생화가 빛을 발하며 마음을 한층 가볍게 한다. 야생화는 8월 초까지 만날 수 있으며 6월 중순까지는 눈이 덮여 있어 걷는데 조금 지루할 수 있다. 주차장에서 주변 경관을 둘러보면 뾰족한 침봉이 유명한 카디니 산군 *Cadini Group* 이 보인다.

이 길은 넓고 평탄하여 걷기에 최상의 조건이다. 이 지점부터 카디니 산군의 일련의 들쭉날쭉한 뾰족한 봉우리가 수평선 위로 어렴풋이 나타나 마치 바위투성이의 고층 건물이 무너져 내리는 숲을 연상시킨다. 날씨가 좋은 날에는 트레 치메의 거대한 사암 기둥이 매혹적인 빛으로 채운다.

아우론조 산장에서 약 1.1㎞ 정도 걸으면 알피니 *Cappella degli Alpini* 라는 작은 교회가 나온다. 트레 치메 디 라바레도의 장엄한 산에서 죽은 산악인들을 기리는 이 작은 예배당은 1916년부터 1917년 사이에 이탈리아 보병 군단에 의해 지어졌다. 석

해발 2,344m에 위치한 라바레도 산장. 좌측 뒤에는 소라피스 산군, 우측 앞쪽에 있는 고봉이 카디니 산군이다.

조로 지어진 평범하고 전형적인 모습의 흰색 건물은 작은 창문과 경사진 지붕으로 장식된 작은 종탑이 특히 눈에 띈다. 관광 성수기에는 이 예배당이 종종 열려 있으므로 기도를 하거나 간단히 둘러볼 수 있다.

알피니 교회

예배당을 지나 천천히 약 700m 거리를 30여 분 걷다 보면 라바레도 산장에 도착하게 된다. 라바레도 산장 옆으로 펼쳐진 돌로 가득한 초원 뒤로 카디니 그룹 산봉우리가 하늘을 찌르듯 서 있고, 그 뒤로 3,205m의 거대한 푼타 소라피스*Punta Sorapis* 산군이 지구가 아닌 듯한 느낌으로 이채롭게 다가온다.

포르첼라 라바레도 능선(2,454m)에서 보이는 트레 치메. 앞에서부터 치마 피콜라 디 라바레도(2,857m), 치마 그란데 디 라바레도(2,998m), 치마 오베스트 디 라바레도(2,973m)

라바레도 산장에서는 길이 두 갈래로 갈라지는데, 좌측 길은 곧바로 직진하는 길로 거리가 짧으나 경사가 있어 올라가기 힘들다. 우측 길은 돌아가기 때문에 거리가 길지만 경사가 완만한 길이므로 두 길 중 자신의 체력에 맞는 길을 선택해 걸으면 된다.

조금 돌아가는 길이지만 넓고 완만한 경사 길을 선택해 101번 경로를 따라 계속 진행하여 멋진 전망을 감상할 수 있는 포르첼라 라바레도*Forcella Lavaredo* 능선으로 올라간다. 중간 능선 격인 이 장소에서는 좌측으로 직벽의 트레 치메 봉우리 세 개를 볼 수 있고, 정면으로는 로카텔리 산장*Rifugio Locatelli*(2,405m)이 작게 보인다. 구름이 중간중간 트레 치메 봉우리들에 걸려 만들어진 장면이 감탄을 자아내고 엄청난 규모의 스케일에 압도된다.

저 멀리 작게 보이는 로카텔리 산장의 모습을 보며 다시 걸어간다. 로카텔리 산장까지 가는 길은 여러 갈래로 나 있는데, 아래에 위치한 넓은 길을 일반적으로 추천한다. 이 길들은 크로다 파싸포르토*Croda Passaporto*(2,719m) 산과 몬테 파테르노*Monte Paterno*(2,744m) 산을 우측에 두고 걷는 길이다.

101번의 넓은 길에서 우측의 산 능선 쪽으로 보면 폭이 좁은 길이 하나 보이는

① 크로다 파싸포르토 산 아래의 분홍 솔채꽃 Shining Scabios
② 거친 바람에도 야생화들이 예쁘게 피어있다. 노란 고산 미나리아재비 Mountain buttercup
③ 고산 물망초 Kindey Vetch

데, 일반적으로 걷는 아래의 넓은 길보다 폭은 좁지만, 경사가 없어 오르락내리락 하는 수고를 덜 수 있고 거리도 조금 짧아 이 길을 선택하는 사람들도 많다.

로카텔리 산장을 향해 고도를 높이며 힘겹게 걷다가 뒤를 바라보면 멋진 풍경에 입이 벌어진다. 예전에 걸었던 이 길은 고도가 높고 길이 좁더라도 제법 안전하다고 느껴졌으나, 다시 찾았을 땐 비로 인해 토사가 일부 흘러내려 길이 파훼 된 부분이 보여 불안했고, 아래를 내려다보면 아찔함이 느껴지기도 한다. 안전을 위해서는 일반적으로 아래쪽의 넓은 101번 길을 추천한다.

라바레도 산장에서 3.2㎞의 거리지만 적당한 기온과 좋은 날씨 덕분인지 전혀 피곤함을 느끼지 못할 정도로 발걸음을 가볍게 한다. 가는 길에 작은 동굴이 있어 들어가 보니 그곳에서 보는 트레 치메의 풍경 역시 일품이었다.

로카텔리 산장(독일어 Dreizinnenhütte)까지는 짧은 오르막길을 계속 오르게 된다.

로카텔리 산장 *Rifugio Locatelli*

로카텔리 산장 숙박 문의

www.dreizinnenhuette.com

rifugio-locatelli@rolmail.net / dreizinnenhuette@rolmail.net

아우론조 산장에서 출발하여 2시간 정도 쉬엄쉬엄 걷다 보면 로카텔리 산장(2,405m)에 도착한다. 로카텔리 산장은 트레 치메를 정면으로 바라보는 어마어마한

로카텔리 산장

트레 치메 감상의 명소이다. 2019.

피아니 호수

뷰를 가진 산장으로 트레 치메의 여러 산장 중에서도 가장 예약 경쟁이 치열한 곳이다. 1년 전에 예약해도 성공 가능성을 장담할 수 없다. 이곳은 숙박을 하며 트레 치메의 환상적인 일출을 감상할 수 있는 최고의 장소이다.

로카텔리 산장 홈페이지에서 예약이 가능한 날짜를 확인하고 예약문의 메시지를 보낼 수 있다.

로카텔리 산장은 트레 치메 트레킹의 중간 지점에 있어 여행자 대부분은 식사를 하며 천천히 쉬는 시간을 갖는다. 이곳에서는 트레 치메가 정면으로 보이는 감상 포인트로 많은 이들이 쉬어가며 풍경을 감상한다. 로카텔리 산장 아래의 피아니 호수*Lago di piani*로 내려가 풍경을 감상하는 것도 좋다. 맑은 날에는 피아니 호수가 산들을 고요히 반영하며 아름다움을 더한다.

또한 산장 뒤편에 있는 교회에서 출발하여 급경사지만 조금만 올라가면 작은 동굴 '그로타 델레 트레 치메*Grotta delle Tre Cime*'을 만날 수 있는데, 이 동굴 속으로 보이는 트레 치메의 모습을 보는 것도 추천한다.

그로타 델레 트레 치메에서 바라본 트레 치메

로카텔리 산장을 기점으로 105번 하산 코스가 시작된다. 로카텔리 산장을 지나면 길은 잠시 내려갔다가 다시 올라가며 좁은 선반 형태의 바위를 따라 이어진다. 내려가는 길에는 오른편으로 광활한 초원이 펼쳐지고 초원을 자유롭게 거니는 소들을 만날 수 있다. 한 30여 분 더 내려가면 그곳에서 푸른 초원을 걷는 목가적인 고산 풍경으로 바뀐다. 소들이 여유롭고 온순해서 가까이 다가가도 가만히 있다. 소들의 목줄에 달린

마지막 고비인 급경사. 이 사진의 끝부분이 포르첼라 콜 디 메조 리지 끝자락이다. 2019.

출발지로 돌아오기 직전 장소에서 비가 그친 후 맑아지며 좌측의 카디니 산군이 또렷이 보인다.

워낭소리가 정신을 맑게 한다.

아우론조 산장에 가기 전 마지막 산장인 말가 랑가름*Malga Langalm* 산장을 만나게 되는데, 이곳의 규모는 다른 산장에 비해 매우 작아서 화장실 사용도 한참을 기다려야 한다. 평화로웠던 초원 구간이 끝나는 곳에 포르첼라 콜 디 메조 리지*Forcella Col di Mezzo Ridge*로 올라가며 엄청난 오르막길이 나오는데 약 2㎞의 지속적인 언덕길

이라 이 구간에서는 모두가 힘들어한다.

힘들게 길의 정상에 오른 후 계속 105번 경로를 따라 트레 치메 주변으로 구부러진 후 주차장으로 완만하게 약 2㎞ 정도 내려가면 출발지인 아우론조 산장에 도착하게 된다.

트레 치메 루프 트레킹 Tip

① 트레 치메 디 라바레도 순환 코스는 거리로는 중간 길이의 산책로로 때로는 바위가 많으므로 등산화가 가장 좋다. 등산 폴대를 준비하면 다리에서 팔까지의 긴장을 줄여 주는 데 도움이 될 수 있다.

② 트레킹 코스 표시는 잘 되어 있고 간단하지만, 실제 지도나 지도 앱을 가지고 있는 것이 좋다.

③ 경로에 음식과 음료를 판매하는 배치된 산장이 있지만 로카텔리 산장에서 점심을 먹는 것을 추천한다.

④ 산책 중 날씨 상황이 급격하게 변할 수 있다. 방수되는 옷과 따뜻한 옷을 상시 준비해야 한다. 1,000m 올라갈 때마다 기온은 10℃ 정도 떨어지며, 구름이 덮이고 바람이 불면 금방 추워질 수 있다. 마찬가지로 구름도 빠르게 사라질 수 있다. 또한, 출발하기 전에는 날씨가 흐려 보이더라도 금세 해가 빛날 수 있으니, 모자나 자외선 차단제를 챙기는 것이 좋다.

⑤ 사진에 진심이라면 고품질 ND 필터에 투자하는 것이 좋다. 역동성 있는 이미지가 정말 돋보일 것이다. 필터를 사용하려면 괜찮은 삼각대도 필요하다.

Lago di Misurina

미수리나 호수

가는길

- 코르티나 담페초에서 16㎞ 거리로 SR48 도로를 따라 자동차로 약 25분 소요된다.
- 미수리나 호수는 대중교통으로 쉽게 접근할 수 있다. 도비아코에서 445번 노선의 버스가 정기적으로 미수리나까지 운행된다. 코르티나 담페초에서 미수리나 호수까지 가는 버스도 있다.

주차

- 미수리나 호수 주변에는 3~4곳의 유료 주차장이 있다. 이곳은 번잡하고 성수기에는 자리를 구하는 데 어려움이 있다.
- 비용: 시간당 2유로

해발 1,756m의 고도에 있는 미수리나 호수는 길이 1㎞, 폭 300m, 최대 깊이 5m, 둘레 약 2.6㎞의 자연 호수로 수정처럼 맑은 물과 주변의 인상적인 산 덕분에 '카도레의 진주'라는 별명을 가진 곳이다.

벨루노 지방에 위치한 미수리나 호수가 있는 마을은 아우론조 카도레 지방자치단체에서 가장 높은 고도를 가진 마을이다. 돌로미티의 상징이라 할 수 있는 트레 치메 디 라

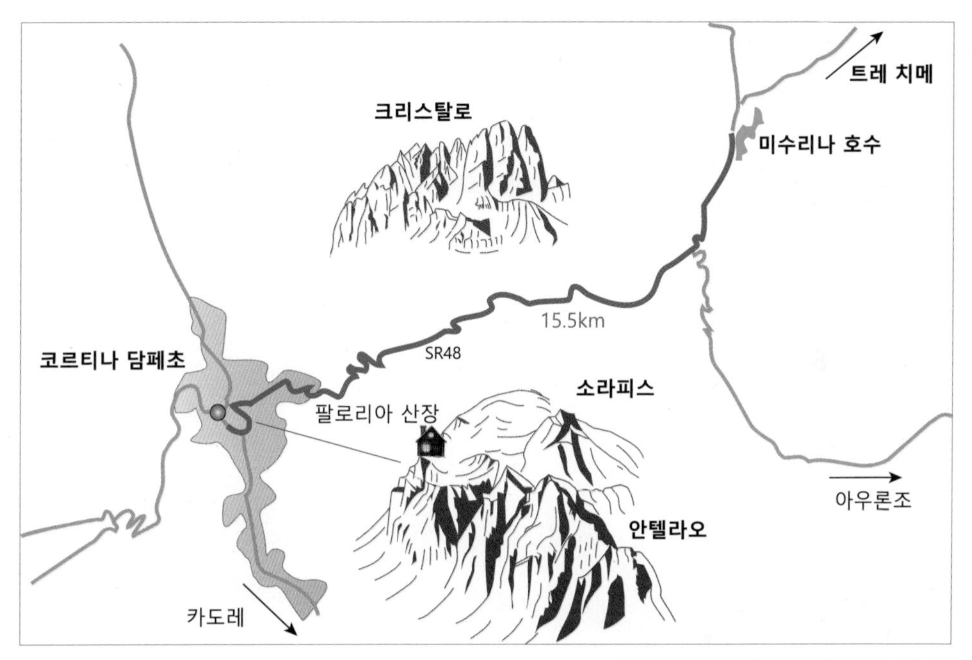

코르티나 담페초에서 미수리나 호수 가는 길

바레도가 근교에 있어 여름철에 코르티나 담페초 지역에서 자주 찾는 곳이다. 또한, 이곳은 많은 여행의 출발점으로도 알려져 있다.

이 미수리나 호수 근처에는 크리스탈로 산군의 피즈 포페나*Piz Popena*, 크리스탈로*Cristallo*, 몬테 피아나*Monte Piana*, 마르말로레*Marmarole* 및 소라피스*Sorapis* 등의 유명한 산군 외에도 이 호수의 북쪽 배경에 크로다 데이 론도이*Croda dei Rondoi*와 유명한 트레 치메 디 라바레도가 위치한다.

미수리나 호수는 1956년에 코르티나 담페초에서 개최된 동계올림픽의 아이스 스피드 스케이팅 대회를 개최했던 장소이기도 하다. 미수리나 호수가 유명한 것은 다른 호수보다 뛰어나게 아름답기보다는 돌로미티 최고의 명소 중 하나인 트레 치메 디 라바레도로 가는 길에 있어 방문객들이 많이 찾기 때문이다. 실제로 여기서부터 아우론조 산장으로 이어지는 파노라마 도로가 시작되며, 이는 세 개의 상징

미수리나 호수의 북쪽 방향 모습. 미수리나 그랜드 호텔 뒤로 크로다 데이 론도이 산이 자리 잡고 있다.

적인 봉우리를 가까이에서 감상할 수 있는 하이킹 코스인 트레 치메 트레킹의 출발점이 된다.

방향에 따라 트레 치메 라바레도의 남서쪽 방향으로 카디니, 소라피스, 크리스탈로 산군이 배경처럼 서 있는 모습을 볼 수 있고 수면이 잔잔한 날에는 이 산군들이 호수에 반영되는 모습이 아름답다. 남쪽을 바라보고 서 있으면 병풍처럼 서 있는 거대한 소라피스 산군을 정면으로 볼 수 있으며 북쪽을 바라보면 트레 치메 디 라바레도의 남쪽 사면을 볼 수 있다.

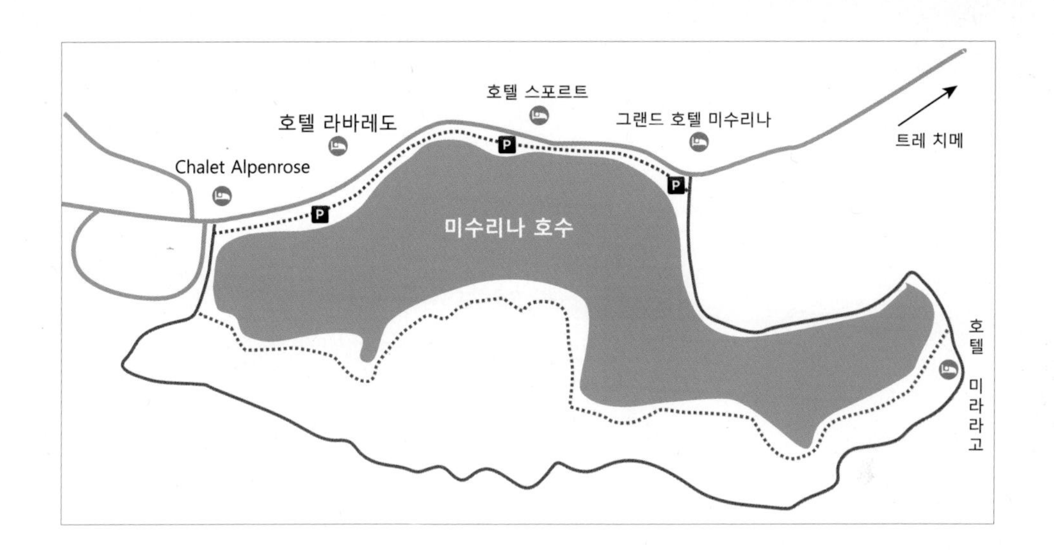

미수리나 호수 트레킹

트레 치메 디 라바레도 트레킹을 계획하는 사람들은 아우론조 산장 주차장에 빨리 도착해야 주차를 할 수 있어 트레 치메 도착 직전에 있는 미수리나 호수를 대부분 그냥 지나쳐 간다. 개인적으로도 몇 해 전 트레 치메 트레킹 때에도 급하게 차 안에서 감상하며 스쳐 지나갔다. 두 번째 방문에도 날씨가 좋지 않아 차로 지나가며 눈으로만 감상했다가 맑은 날 시간을 내어 어렵게 다시 찾은 기억이 있다.

이 호수는 그냥 지나치기에는 너무 많은 아름다운 풍경을 가진 곳으로 날씨가 좋고 시간적 여유가 있다면 반드시 둘러보아야 할 곳이다. 이를 감상하는 가장 좋은 방법은 미수리나 호수를 도보로 돌아보는 것이다. SP49 도로변의 호수 가장자리에 나무데크로 길을 잘 만들어 놓았고 미수리나 그랜드 호텔부터는 길 자체가 평탄하여 걷기 좋다. SP49 도로 반대편 방향으로 접어들면 숲속을 걷게 되어 있어 돌로미티의 평온을 느끼게 해주는 길이다.

이번 방문은 날씨는 좋은 편이지만 바람이 제법 불어서 수면에 파도가 일어 산군을 반영한 호수의 모습은 볼 수 없었다. 호수를 순환하여 걷는 방향은 자유롭게 정

미수리나 호수에서는 거대한 소라피스 산군을 정면으로 볼 수 있다. 촬영 시에는 구름에 가려 소라피스의 좌측 부분이 보이지 않는다. 중앙의 건물은 호텔이 아닌 소아 천식 치료 센터인 Pie II Institute이다.

할 수 있지만 주차하고 나면 시계방향으로 걷는 것이 자연스럽다. 호수의 경관은 바다와 마찬가지로 빛의 반사와 투과에 따라 색이 달라지는데, 맑은 날일수록 햇빛에 의해 파란 호숫물 색이 풍경을 더욱 아름답게 하므로 맑은 날 방문하는 것을 권한다. 잠시 쉬거나 사진을 찍을 수 있는 다양한 포인트가 있어 호수를 걷는 게 전혀 지루하지 않으며 장소에 따라 눈으로 보이는 주변 풍광이 달라지며 아름다움을 더한다.

별똥별이 떨어지고 있는 포콜 지역에서의 은하수
(Nikon D850 / Apperture F2.8 / Focal length 15mm / ISO 2,500 / Sutter speed 30s)

Lago di Sorapis

소라피스 호수

가는길

- 코르티나 담페초에서 소라피스 호수로 가는 출발지인 파쏘 트레 크로치까지는 약 9㎞, 차량으로 15분 정도 소요된다.
- 30번, 31번 버스는 코르티나 담페초에서 파쏘 트레 크로치를 거쳐 미수리나 호수, 트레 치메의 아우론조 산장까지 6월부터 9월까지 하루 4회 운행한다.

주차

- 따로 주차장이 마련되어 있지 않다. '우나 페를라 아 코르티나Una Perla a Cortina 호텔' 도착 전 고개 부근에 30여 대를 주차할 수 있는 작은 비포장 주차장 'Parcheggio per Sorapis'이 있고, 호텔 바로 옆에 약 100m 정도 2차선 도로의 갓길에 주차해도 된다.
- 주차 공간이 협소하여 아침 일찍부터 주차장이 꽉 찬다. 대부분은 도로에 주차해야 하며 트레일 기점에서 꽤 멀리 떨어져 있다.
- 7월, 8월에는 평일에도 오전 8시 30분~9시 이후에는 인근 주차 공간을 찾기가 사실상 불가능하다. 주말에 방문한다면 주차 문제가 심각할 수 있으니, 버스를 이용하는 것이 현명할 수 있다.

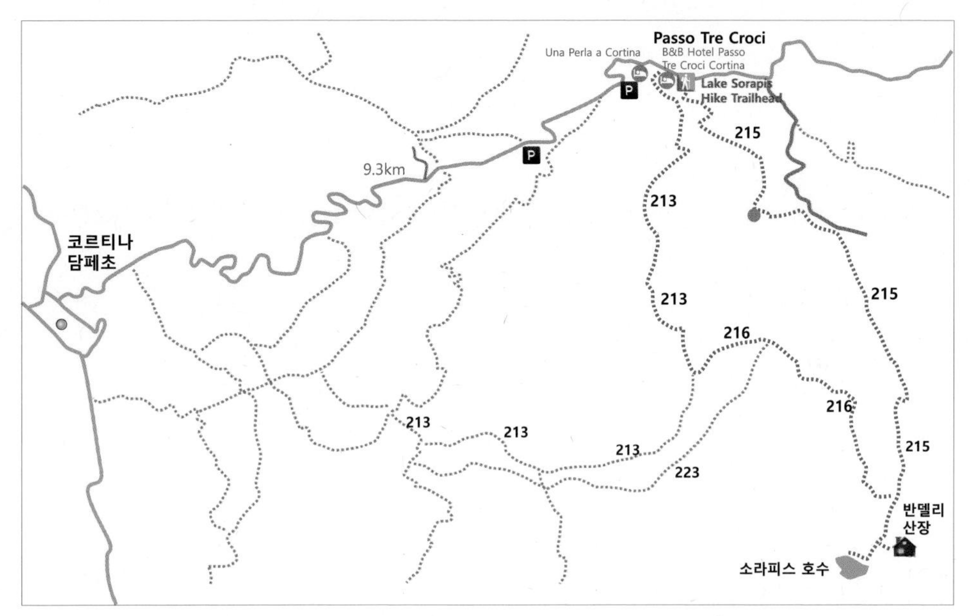

소라피스 호수의 위치와 트레킹 코스

소라피스 호수는 브라이에스 호수*Lago di Braies*, 카레짜 호수*Lago di Carezza*와 함께 돌로미티를 대표하는 아름다운 호수이다. 어떤 호수든 맑은 날에 가야 햇빛에 의해 반사되는 호수의 아름다운 수면을 볼 수 있으므로 출발 전에 반드시 코르티나 담페초 지역의 날씨를 체크하고 찾아가야 한다. 차로 바로 접근할 수 있는 다른 두 호수에 비해 소라피스 호수는 도보로 긴 거리를 걸어서 접근해야 하기에 힘든 곳이다.

신비한 물색을 가진 소라피스 호수는 한라산 백록담(해발 1,850m)과 비슷한 높이인 해발 1,920m에 위치한 보석과도 같은 호수로 내비게이션으로 파쏘 트레 크로치*Passo Tre Croci*를 검색하면 출발 위치를 알 수 있다.

쉽게 접근할 수 있는 다른 호수와는 달리 청록색 호수에 가려면 평탄한 길도 있지만 금속 사다리나 사슬을 사용하여 가끔 절벽을 따라 걸어야 하기도 하고 숲속을

소라피스 호수 전경

지나서 2시간가량 오르막길을 하이킹해야 한다. 그러나 돌로미티에서 최고의 당일 하이킹 중 하나를 경험하고 싶은 여행자에게는 소라피스 호수가 확실한 보상이 된다. 또한, 파쏘 트레 크로치에서 트레 치메 디 라바레도, 미수리나 호수, 코르티나 담페초 및 브라이에스 호수와 같은 몇몇 인기 있는 돌로미티의 목적지와도 가까워 소라피스 호수로 하이킹하는 것을 선호한다.

Tip 파쏘 트레 크로치 호텔Hotel Passo Tre Croci에 숙박하는 것을 권한다. 주차 문제가 해결될 뿐만 아니라 하루 중 가장 아름답고 조용한 시간인 이른 아침이나 늦은 오후에 소라피스 호수까지 하이킹할 수 있다.

소라피스 호수 트레킹

- 코스: ·· 파쏘 트레 크로치 ··▶·· 215번길 ··▶·· 소라피스 호수 ··
- 이동 거리: 편도 5.2㎞
- 소요 시간: 2시간
- 고도차: 200m
- 난이도: 중상
- 소라피스 호수로 가는 길은 적당한 하이킹 코스로 매우 쉬운 평면 구간도 있지만 매우 까다로운 구간도 있다. 일부 구간에는 사다리, 계단, 지지용 금속 케이블이 있는 좁은 통로의 길도 있다.

Tip 소라피스에 가려면 구름 한 점 없이 하늘이 파란 날 오전에 가는 것이 좋다. 오후에는 역광으로 호수의 빛을 제대로 표현하지 못한다. 호수는 무조건 바람 없이 잔잔하며 하늘이 파랗고 햇빛이 쨍쨍한 날에 보아야 한다. 호수는 항상 하늘빛을 닮기 때문이다. 소라피스 호수 트레킹은 일반적으로 6월에서 9월 사이의 여름이 좋은 시기이다. 날씨가 좋으면 5월 말과 10월 초에도 하이킹할 수 있다.

주차장에서 소라피스 호수까지는 고도차 240m, 편도 거리 약 5.2㎞로 2시간 정도 소요되며, 여유 있게 걸으면 왕복 5시간이 걸리는 하이킹이다.

소라피스 호수까지 가는 길은 215번 길을 선택하여 시계방향으로 갈 수도 있고, 216번과 213번 길을 이용하여 시계 반대 방향으로 갈 수도 있는 순환 일주 코스이지만, 이곳을 찾는 사람들은 대부분 215번 길을 이용하여 호수를 왕복하는 길을 선택한다. 213번과 216번 길 중 216번 길이 경사가 급한 오르막으로 고도차 400m를 올라가야 하는 매우 어려운 코스이기 때문이다.

소라피스 호수로 가는 초입은 숲길을 걷는 것과 같은 편안하고 상쾌함을 주는 길이다. 푸른 숲들을 바라보며, 기대했던 아름다운 호수를 만날 수 있다는 설레는 마음을 보듬고 숲속의 싱그러운 공기를 느껴본다.

처음 길을 걷기 시작하면 뒤쪽으로 웅장한 산군을 볼 수 있는데, 이 산군의 이름은 몬테 크리스탈로*Monte Cristallo*이다. 오래된 일이지만 크리스탈로 산군에서 영화 〈클리프 행어〉(1993년)를 촬영하였다. 이 멋진 산군들을 옆에 두고 하늘로 쭉 뻗은 나무들 사이로 평탄한 길을 걷기 시작한다.

처음 시작부에서 30분 정도는 길이 평탄하고 좋아 걷기 쉽지만, 걷다 보면 산사태로 인해 바위가 휩쓸려 생긴 자갈길도 나타나 미끄러울 수 있으니 조심하여 걸어야 한다. 길이 건조한 상태라면 조심해서 걸으면 되니 걱정할 것이 없다. 그러나 길이 젖어 있으면 돌로 이루어진 길이 매우 미끄러워서 해당 구간을 통과하기가 상당히 어려울 수 있다.

가파른 오르막이 이어지며 더 어려운 트레일 구간에 도달하게 된다. 가끔은 가파른 철제 계단도 걸어 올라가고, 나무뿌리가 드러난 가파른 바윗길 오르막도 올라가야 해서 숨이 가쁠 정도로 힘들다. 길이 협소하여 오는 사람과 마주치게 되면 곤란하므로 서로 양보해 주면서 걸어야 한다.

출발지에서 약 3.7km 정도 걷게 되면 경사는 더 가파르고 까다롭다. 좌측에 낭떠러지 절벽을 두고 위의 좁은 길을 밧줄을 잡으며 걸어야 하는 험난한 길을 걸어가야 한다.

파쏘 트레 크로치 *Passo Tre Croci*에서 소라피스 호수까지의 길은 알타비아 *Alta Via* 3과 알타비아 4구간에 속하여 가끔 전문 장비를 갖추고 이동하는 사람들이 보이기도 한다. 이 길은 산 가장자리를 따라 금속 사다리와 길이 절벽으로 노출된 여러 구간이 있다. 또한, 하이킹 구간의 가장 좁은 길 구간에는 지지용 금속 케이블이 있지만 지지대가 전혀 없는 곳도 많아 안전에 주의하여 걸어야 한다. 자신 있는 길이라도 케이블 줄을 잡고 걸어가야 안전하다.

한참을 걷다 보면 216번으로 가는 갈림길 나오고, 이 갈림길은 목적지에 거의 다 온 것을 알려 준다. 갈림길에서 직진 방향으로 내려가는 길이 소라피스 호수로 가는 길이다. 이곳에서 소라피스 호수까지는 200m 정도밖에 되지 않지만, 중간 부분의 작은 언덕으로 인해 호수는 보이지 않는다.

호수가 바로 앞이지만 이 갈림길에서 좌측으로 내려가서 호수 아래 100m 거리에 있는 알폰소 반델리 산장 *Rifugio Alfonso Vandelli*에서 잠시 쉬어가는 것도 좋다.

해발 1,928m에 위치한 반델리 산장은 소라피스 호수를 바라보는 전망은 없지만, 카디니 그룹의 고봉과 미수리나 호수의 전망을 감상할 수 있다. 이 산장은 1891년 처음 지어져 눈사태, 낙석, 화재 등으로 건물이 자주 소실되었다가 재건되길 반복하는 격동의 역사를 가지고 있다. 이 산장의 원래 소유자는 오스트리아-독일 알파인 협회 *Austrian-German Alpine Society*였지만, 1차 세계대전 이후 이탈리아로 소유권이 넘어오면서 이탈리아가 다시 유지 관리를 맡게 되었다.

알폰소 반델리 산장

이 산장은 규모가 작은 데다가 많은 사람을 맞이해야 하기에 음식을 구매하지 않으면 테이블에 앉지 말라는 경고도 보이고, 간단한 음료 한 잔을 먹으려고 해도 긴 줄을 서서 한참 동안 기다려 주문하는 수고로움이 있다.

다시 이동하여 산장에서 호수로 가는 길은 오르막이라 산장에서는 호수의 풍경을 볼 수 없지만, 한 5분 정도 올라가면 눈이 맑아지는 호수의 풍경을 볼 수 있다. 호수를 보는 순간 이곳까지 오는 고통과 수고로움이 바로 사라지게 된다.

하늘과 산을 품고 있는 에메랄드빛의 신비한 물색을 가진 소라피스 호수! 소라피스 호수가 독특한 청록색을 보이는 것은 산에서 미사*Silt*가 경사면을 따라 흘러내려 맑은 물에 떠 있게 되고, 이것이 햇빛에 반사하여 나타나기 때문이다.

등산로를 따라 다른 쪽으로 이동하면 물색 역시 또 다른 신비한 색을 보여 준다. 이 청록색 호수는 방문한 모든 사람을 매료시킨다. 청록색 호수의 파스텔 색상은 하얀 바위벽과 부드러운 목초지를 배경으로 정말 마법 같은 풍경을 만들어 낸다. 나무들의 푸르름, 하늘의 구름과 어우러진 하얀 바위들은 눈을 뗄 수 없고, 호수와

트레킹 도착지인 남쪽에서 바라본 소라피스 호수

주변 풍경의 숨 막히는 경치가 주는 행복감은 말로 표현할 수가 없다.

소라피스 호수와의 첫 만남에서는 말과 사진으로는 설명할 수 없는 신비로운 푸른 우윳빛 색에 놀라게 된다. 소라피스 호수를 가장 잘 감상하는 방법은 호수를 한 바퀴 돌면서 여러 방향에서 호수를 바라보는 것이다. 대부분의 사람은 약속이나 한 듯 호수를 시계 반대 방향으로 돌아본다. 호수 정면의 왼쪽 길은 절벽으로 이루어져 아슬아슬 낭떠러지 길이라 안전장치도 없는 길을 기어가듯 가야 하고, 가파른 길을 올라갔다 내려와야 하므로 오른쪽의 시계 반대 방향의 길로 갔다가 다시 돌아오는 코스를 추천한다.

온라인상에서 사람들이 소라피스 호수에 몸을 담그고 있거나 서 있는 모습을 담은 예쁜 사진을 많이 보고 매료되지만, 이 호수는 수영과 보트 타기가 모두 금지되어 있다. 자연환경을 보존하는 열쇠는 자연과 그 아름다움을 차후에 오는 사람들까지도 즐기는 것이어야 하기에 무지한 사람들과 똑같이 행동할 필요가 없다.

Lagazuoi

라가주오이

가는길

- 주차장인 파쏘 팔자레고까지는 코르티나 담페초에서 17.4㎞ 거리이고 자동차로 약 23분 소요되며, 오르티세이에서는 약 60㎞, 1시간 30분 정도 소요된다.

케이블카 운행 정보

- 위치: 파쏘 팔자레고, 32043, 코르티나 담페초
- 시간: 09:00~16:40(15분 간격)
- 비용: (왕복) 성인 26유로,
  (왕복) 어린이 17유로
- 라가주오이 산장에 올라가는 마지막 상행 케이블카 시간이 16:40이니 시간에 정확히 맞추어 가야 한다.

주차

- 리프트 주차권을 구매하면 무료로 주차할 수 있다.
- 비용: 하루 5유로

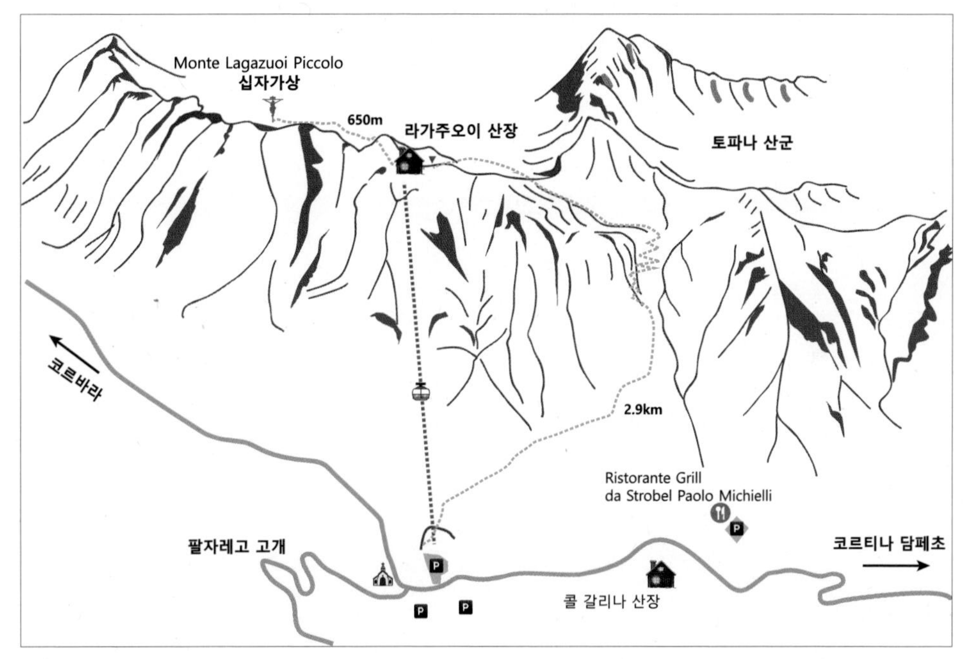

라가주오이 산 주변 지역

라가주오이 산장은 팔자레고 고개*Passo Falzarego*의 위, 코르티나 담페초와 바디아 계곡*Badia Valley* 중간에 있는 라가주오이 산 정상에 자리 잡고 있다. 위치상 소매치기나 차량 털이 같은 범죄가 없어 케이블카 탑승장 앞 주차장에 주차하고 당일 필요한 물품만 가방에 담아 케이블카를 타면 된다. 라가주오이 산장에 숙박하는 사람들은 대부분 이렇게 귀중품만 챙겨서 산장으로 향한다.

돌로미티를 대표하는 산군 중의 하나인 토파나 산군 중 가장 웅장한 봉우리인 토파나 디 로즈*Tofana di Rozes* 앞자락에 있는 라가주오이 산장에 올라 주위 장관을 둘러보면 풍경에 압도된다. 2,752m 고도에 있는 라가주오이 산장은 코르티나 담페초에서 가장 높고 큰 산장이며 돌로미티에서 가장 탁 트인 정상의 테라스를 자랑한다. 또한 접근성이 좋아 돌로미티에서 트레 치메 라바레도 가까이에 있는 로카텔리 산

십자가상에 오르는 길에서 찍은 라가주오이 산장

장과 함께 가장 인기 좋은 산장이라 예약을 서두르지 않으면 숙소를 잡기 어렵다. 예약이 어렵더라도 세계 최고의 산장 시스템을 갖추고 있는 돌로미티에서의 특별한 경험을 위해 라가주오이 산장에서의 일박을 권한다.

이곳에서의 하루는 구름이 바다처럼 펼쳐진 절경과 그 신비함을 경험할 수 있다. 산장의 시설은 낡았지만, 관리가 잘 되어 있어 쾌적하게 하룻밤을 지낼 수 있고 음식도 맛있어 투숙객들의 만족도가 높다. 돌로미티 최고의 위치에 자리 잡은 산장에서 하룻밤 잘 수 있다면 산 위에서 바라보는 돌로미티 최고의 장관을 만날 수 있다. 날씨가 좋으면 일출과 일몰 시 계곡 사이의 펼쳐진 운해의 신비한 모습을 보며 주위의 경관에 흠뻑 빠지는 경험을 할 수 있다.

라가주오이 산장은 '알타비아 1' 트레킹의 3일 차에 반드시 머물러야 하는 곳이다. 트레킹 구간 중 거의 유일하게 라가주오이 산장 외에는 다른 대안이 없어 등산객들로 붐비며, 예약도 어려우니 서둘러야 한다.

라가주오이 참호

이탈리아와 오스트리아 접경지대인 돌로미티 알프스 지역South Tyrol은 원래 오스트리아-헝가리 제국의 영토였지만, 제1차 세계대전 후 이탈리아 영토가 된 곳이다. 이탈리아는 1915년 5월에 오스트리아-헝가리 제국에 선전포고하면서 당시 수백 년간 오스트리아의 영토였던 코르티나 담페초를 점령했다. 이에 오스트리아는 고산지대인 라가주오이에 참호를 파서 방어선을 구축하고, 이탈리아군과 3년간(1915~1917) 전투를 치렀는데 전투는 이탈리아의 승리로 끝났다. 그때 당시 전투의 흔적(참호, 군사용 터널)이 2000년대 초에 복원되어 야

SR48번 도로에서 팔자레고 고개 초입 근처에 있는 맞은 편 거대한 바위산 꼭대기에 조그맣게 보이는 산장이 라가주오이 산장이다.

라가주오이 산장과 넓은 데크. 산 아래의 경치를 감상하기 좋은 곳이다.

외박물관이란 이름으로 일반인에게 공개되고 있다.

오스트리아와 국경을 접하고 있는 돌로미티는 백여 년 전에는 오스트리아 영토였던 지역으로 아직도 독일어가 많이 쓰이고 주택의 형태도 이탈리아보다는 오스트리아에 가까운 느낌을 준다.

라가주오이 산의 높이는 백두산보다 살짝 높은 2,778m이다. 파쏘 팔자레고의 높이는 2,105m이므로 고도 약 600m를 케이블카를 타고 단숨에 올라간다. 산장에 도착하면 곧바로 공용 룸인 도미토리 실이 있는 아래층 부츠 룸*Boot Room*으로 내려가서, 등산화를 놓아 두고 실내화로 갈아 신어야 한다. 부츠는 말려서 냄새를 제거하고, 실내에서는 실내화 생활을 해야 한다.

산장의 나무데크에서 바라본 남쪽 풍경. 중앙 좌측에 조그마한 돌무더기가 친퀘토리,
뒤에 평평한 정상을 가진 포르민(2,657m), 뒤쪽에 크로다 다 라고(2,701m) 산군이 보인다.

정상 트레킹

도착한 다음, 저녁 식사하기에는 빠른 시간이라 정상인 라가주오이 피콜로*Monte Lagazuoi Piccolo*까지 다녀오기로 하였다. 피콜로까지의 거리는 라가주오이 산장에서 650m 정도 떨어져 있어 쉬엄쉬엄 걸어가도 20분이면 도착할 수 있는 곳이다.

피콜로 산 정상으로 가는 길에는 절벽에 잔도를 만들어 놓아 이 길을 이용하면 편하게 갈 수 있다. 철제로 된 잔도는 2018년에 만들어진 길로 걷기는 편한데 바위산 절벽 허리에 만들어진 잔도여서 고소공포증을 느낄 수도 있다. 어려움이 있다면 철제 잔도 위에 있는 길로 걸으면 된다. 이곳을 지나면 피콜로 산 정상으로 가는 길은 걷기에 아주 좋다.

약하게 내리는 비를 감수하고 주변 언덕에 올라가 본다. 바람이 강하고 간혹 흩날리는 비가 방해하지만 아무도 없는 길을 걷는 기분은 일품이다.

정상에 있는 예수상은 날씨와 어울려 마치 십자가상에서 돌아가신 날의 변덕스러운 일기 변화를 보는 듯하다. 라가주오이 산 정상에는 라가주오이-친퀘토리 일대에서 벌어진 전투 *the White War*(1915~1917) 전몰자 추모비가 있으며 사진 아래 부분의 소뿔처럼 생긴 조형물은 포탄 껍질이다.

산장으로 돌아와 저녁 식사를 하면 생각보다 식사가 훌륭해 만족감을 더한다. 아름다운 풍경을 바라보며 하는 식사는 풍광이 주는 분위기에 음식도 깔끔해서 평도 대체로 좋은 편이다. 오전 6:30~10:00까지 제공하는 아침 뷔페는 일반 호텔의 조식에 비하면 실망스러운 수준이지만, 빵과 잼, 커피가 전부인 다른 산장들의 아침 식사에 비하면 아주 좋은 편이다.

밤이 깊어질수록 하늘에 별이 많아지고 남쪽에서 하늘을 수놓는 은하수가 뚜렷이 나타나기 시작한다. 지난 방문 때에는 날씨 때문에 실패했지만, 오늘은 하늘이 맑아 천체 사진을 촬영하게 된다는 기대감에 들뜨기 시작한다.

라가주오이 산장은 10시가 되면 등산객들의 편한 잠을 위해 모든 숙소에 불이 꺼지고, 도미토리 숙소마저 불을 끈다. 밤이 더욱 깊어 하늘이 어두워져 천체 사진을 촬영할 때까지 기다리는 것은 여름이라 할지라도 춥고 힘든 일이다. 상황에 따라, 직원에 따라 산장 실내에서 기다리는 것이 허용되기도 하지만, 기본적으로는 출입

이 금지되어 한여름이지만, 추위로 테라스에 나와 있기도 어렵고 복도에 앉아 기다리며 시간을 보내기가 곤혹스럽다.

밤하늘에 별이 쏟아지는 장관을 만나는 것은 오직 날씨와 달의 위상과 관련이 있다. 흐린 날에도 맑아지기를 기다리며 잠을 설쳐가며 테라스로 나와 하늘을 쳐다보며 밤을 새우는 열정과 노력이 필요하다. 또한, 맑은 날에도 달빛이 별을 삼키지 않도록 달이 밝지 않아야 한다. 라가주오이 산장에서 바라보는 모습은 생각보다 산 아래의 조그마한 마을에서 올라오는 빛이 강해 광해가 심하여 촬영한 은하수 사진이 기대에 미치지 못한다.

두 번째 찾은 라가주오이 산장의 밤은 날씨도 맑고 별도 하늘에 빽빽이 들어서 있다. 혼자 있다는 것이 약간의 공포심이 든다는 것 외에는 이곳 숙소를 잡은 이유의 한 가지를 성취하게 되는 것이다.

사진을 촬영해 보니, 생각보다 계곡 아래쪽 작은 마을의 빛이 사진에 영향을 줄 정도로 제법 강해서 광공해가 크다. 기대가 컸는지 실망감이 앞선다.

라가주오이 산장 숙박 문의

 www.rifugiolagazuoi.com/index.php

개인 룸 *Private Room*은 상당 기간 전에 예약해야 한다. 발코니가 있는 방들이 좋지만, 숙박비가 엄청나게 비싸다. 가장 많은 사람이 이용하는 도미토리 하프 보드 *Dormitory Halfboard**의 가격은 다음과 같다.(2024년)

- 개인 룸 2인 예약: 비앤비 가격 230유로, 하프 보드 가격 290유로
- 도미토리 2인 예약: 비앤비 가격 150유로, 하프 보드 가격 210유로

* 1박 2식으로 주로 저녁에는 정식이 나오고, 아침에는 간단한 식사가 나온다.

라가주오이 산장에서의 별. 2023.
(Nikon Z7II / Apperture F2.8 / Focal length 14mm / ISO 3,200 / Sutter speed 30s)

Lago di Limides

리미데스 호수

가는길

- 자동차 이용 시: 코르티나 담페초 중심부에서 16㎞ 정도 떨어져 있어 SR48번 도로를 따라 팔자레고 패스 표지판을 따라가며 약 25분 동안 운전하면 된다.
- 버스 이용 시: 돌로미티 버스는 코르티나 버스 정류장에서 팔자레고 패스까지 연결되어 운행하며 요청 시 콜 갈리나 정류장을 예약할 수 있다. 트레킹 인원이 많지 않아 비정기적이므로 계획할 때 돌로미티 버스 시간표를 미리 확인하는 것이 좋다.

주차

- 팔자레고 패스에서 동쪽으로 1㎞ 떨어진 콜 갈리나 산장에 주차하거나 팔자레고 패스 주차장을 이용할 수 있다.

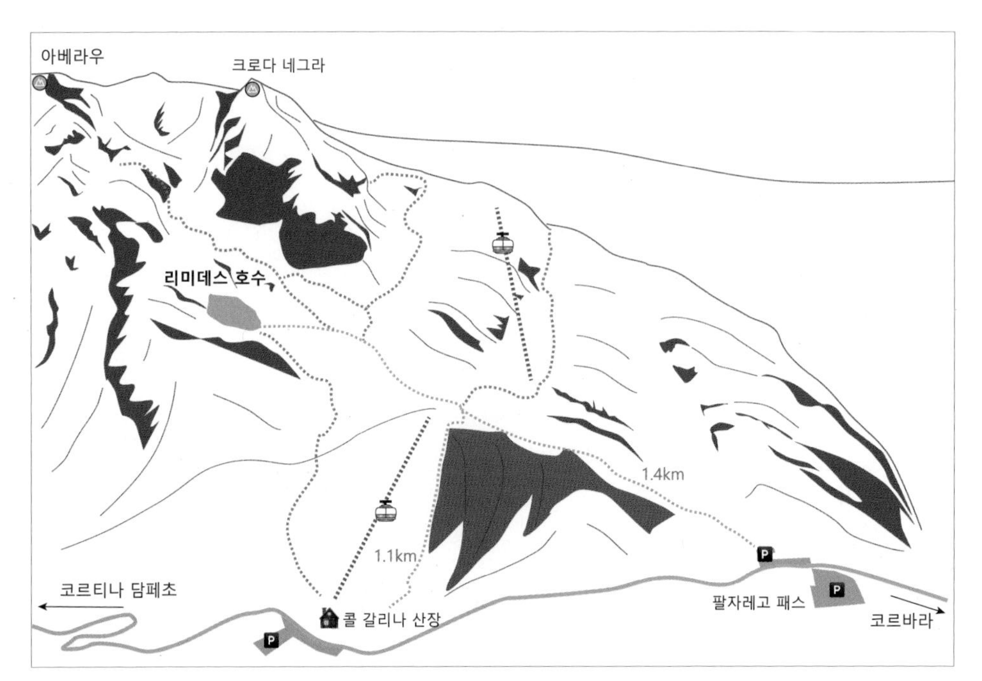

리미데스 호수 위치와 트레킹 맵(청색 선). 거리는 두 선이 만나는 지점까지의 거리이다.

리미데스 트레킹

- 이동 거리: 2.2㎞
- 소요 시간: 왕복 1시간
- 고도: 2,052~2,182m
- 고도차: 130m
- 난이도: 하
- 하이킹 장비: 등산화 권장. 비가 오는 날은 길이 매우 미끄러우므로 하이킹 폴도 가져가는 것이 좋다.

리미데스 호수는 돌로미티 산 중심부에 있는 놀라운 전망을 제공하는 그림 같은 작은 산악 호수이다. 팔자레고 패스*Falzarego Pass* 근처의 아름다운 풍경으로 둘러싸인 이 작은 호수는 거리가 가깝고 경사가 적어 걷기에도 매우 쉬운 호수이지만 다른

맑은 날의 리미데스 호수

호수에 비하여 인지도가 낮아 사람들이 많이 찾지는 않는다. 아름다운 풍경과 모든 것을 갖춘 가족 친화적인 짧은 하이킹을 찾고 있다면 리미데스 호수 방문을 고려해 보자.

이 작은 호수는 주변 산의 모습을 가장 아름답게 비춰 주기 때문에 사진작가들이 선호하는 촬영 포인트이다. 잔잔한 물에 반사된 라가주오이, 토파나 디 로제스, 사쏘 디 스트리아 및 아베라우 산들의 봉우리를 볼 수 있다. 또한, 초여름에 방문하면 호숫가를 따라 산에 핀 형형색색의 아름다운 꽃을 감상할 수 있다.

출발 장소는 파쏘 팔자레고*Passo Falzarego*에서 출발하는 경우와 콜 갈리나 산장*Rifugio Col Gallina*에서 출발하는 경우가 있다. 두 곳 다 쉬운 길이지만 콜 갈리나 산장에서 출발하는 경우 초반에 경사가 더 심하다. 어느 곳에서 출발하든지 중간 지점에서 만나게 된다.

첫 번째 방문 때는 경사가 완만한 파쏘 팔자레고에서 시작하였다. 비가 하루 종일 내리는 날이어서 우비를 입고 트레킹을 시작하였는데, 나름 비 오는 날의 운치가 제법 있다. 비가 오는 날, 구름 속에 보일 듯 말 듯 한 라가주오이 산악 지형이 웅장함을 더하여 걷는 즐거움이 있다.

팔자레고는 코르티나 담페초에서 서쪽으로 이동할 때 만나는 첫 번째 고개로 라가주오이 산장으로 오르는 케이블카를 많이 이용하는 곳이며, 반대쪽 친퀘토리 *Cinque Torri* 트레킹을 위한 케이블카 승강장과도 가까운 곳이다. 코르티나 담페초에서는 약 16㎞ 정도 떨어져 있으나 고갯길로 운전하기에 조심성이 필요하고 시간은 약 30분 정도 소요된다. 리미데스 호수와의 거리는 팔자레고 주차장에서는 1.4㎞ 정도로 걸어서 30분이면 도착할 수 있다.

흩날리는 가랑비와 옅은 안개는 초원 지역을 몽환적인 분위기로 바꾸어 준다. 초원 곳곳에 촉촉이 물을 머금고 있는 야생화를 바라보며 걷다 보니 짧은 거리라 호수에 금방 도달한다.

라가주오이 산과 콜 갈리나 산장

출발지로 돌아가는 길에 보이는 팔자레고 패스와 사쓰 스트리아Sass Stria 산

도착한 리미데스 호수는 예상처럼 규모가 작고, 흐린 날이라 뿌연 하늘과 주변 산세들의 반영도 나타나지 않아 기대했던 모습에 미치지 못한다. 그래도 뒤편의 아베라우*Averau* 산과 흐린 날의 고즈넉한 분위기가 어울려 평안함을 주는 곳이었다. 호수의 모습은 도착 지점보다 반대쪽에서 보는 모습이 더 아름답다.

다시 차가 주차하고 있는 출발지로 돌아가는 길. 팔자레고 패스와 뒤편의 사쓰 스트리아*Sass Stria* 산이 구름에 쌓여 위용을 자랑하고 있다.

콜 갈리나 산장에서 출발한다면 419번 트랙을 타고 아베라우 산 방향으로 올라가는 완만한 잔디 경사면을 따라 가면 된다. 약 30분 후에 토파나 디 로제스 산이 반사되는 것으로 유명한 작은 호수 리미데스에 도달하게 된다. 라가주오이 산의 멋진 전망과 아베라우 산의 북쪽 사면을 볼 수 있는 훌륭한 전망을 덤으로 얻을 수 있다.

전설에 따르면, 봄에 더 아름다운 이 작은 호수의 물에 비친 모습을 바라보면 마음이 가장 순수한 사람은 돌로미스 전설에 나오는 물의 요정인 앙구아나*Anguana*를 볼 수 있다고 한다.

Cinque Torri

친퀘토리

가는길

- 주차장인 파쏘 팔자레고까지는 코르티나 담페초에서 14.2㎞ 거리로 자동차로 약 20분 소요된다. 바이타 바이 데 도네스 음식점의 큰 표지판이 보이는 도로로 좌회전하면 된다.
- 오르티세이에서 약 64㎞, 1시간 30분 정도 소요된다. 라가주오이 산장이 위치한 팔자레고 고개에서는 4.4㎞ 거리이다.

리프트 운행 정보

- 위치: 파쏘 팔자레고, 32043, 코르티나 담페초
- 시간: 09:00 ~ 16:30(수시 운행)
- 비용: (왕복) 성인 26유로,
  (왕복) 어린이 19유로

주차

- 위치: 케이블카 승강장 앞
- 비용: 무료

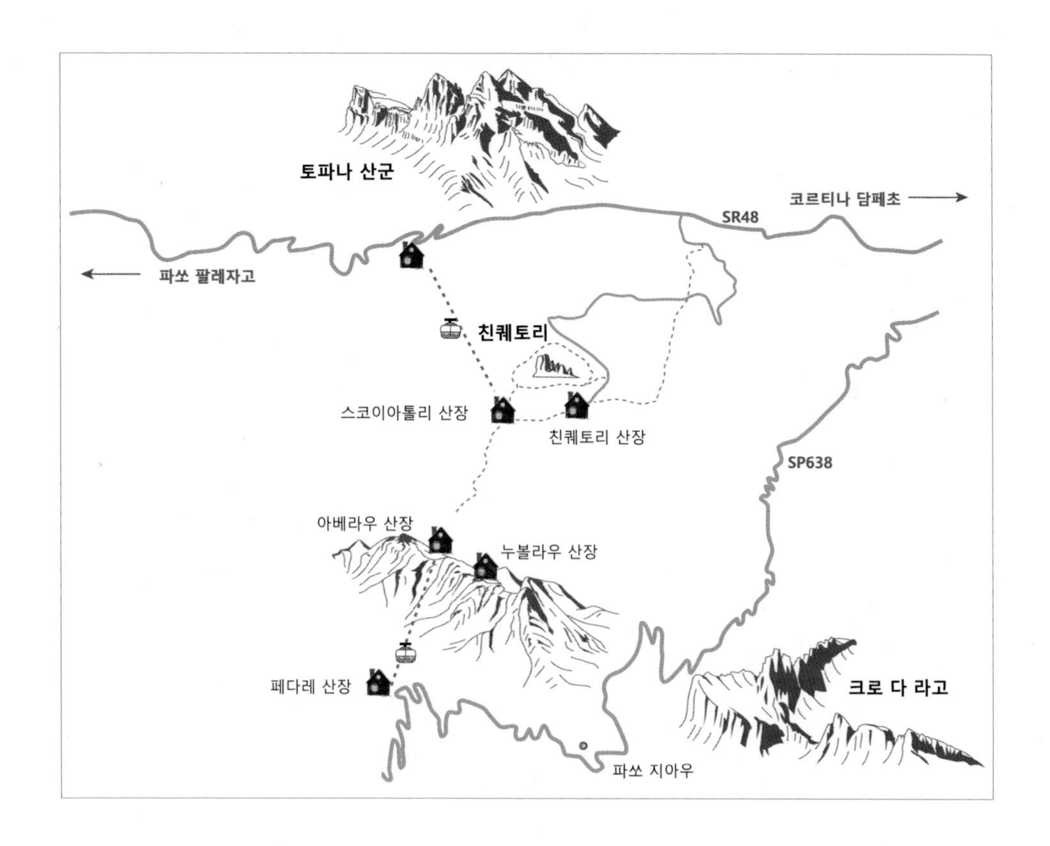

친퀘토리는 5개라는 의미의 '친퀘'라는 이름에서 유추할 수 있듯이 5개의 우뚝한 봉우리가 있는 곳이다. 고도는 해발 2,361m로 돌로미티에서는 평범한 높이지만 5개 정도의 독특한 모습과 더불어 앞에 있는 팔자레고 고개와 뒤쪽에 있는 지아우 고개*Passo Giau*의 중간에 있어 경치가 환상적이다. 다섯 개의 봉우리는 의심할 여지 없이 코르티나 담페초의 상징 중 하나로 독특한 모양 덕분에 이 지역의 다른 봉우리나 계곡에서도 즉시 알아볼 수 있으며 관광 명소이다.

이 지역은 훼손되지 않은 자연 보전과 믿을 수 없을 정도로 풍부한 생물 다양성을 보존할 수 있는 암페초 돌로미티*Ampezzo Dolomites* 자연공원 옆으로 확장된다.

친퀘토리 형성 과정

뾰족한 첨탑이 불안정하게 평형을 이루는 이유는 친퀘토리를 이루는 암석과 그 아래의 더 연약한 암석의 점성과 저항성의 차이 때문이다. 친퀘토리의 암석과 아래의 더 약한 암석 사이에 작용한 힘에 대한 저항력 차이가 불안정한 상태를 만들었다.

친퀘토리의 계곡과 암벽은 메인 단층선이 지나가며 지층에 작용하는 힘에 의해 균열과 절리를 발생시켰고, 이후 물과 바람에 의한 침식, 그리고 무엇보다도 열적 변화로 암석이 부서지는 과정인 동결작용으로 풍화가 촉진되었다.

대표적인 돌로미티의 특징을 친퀘토리에서도 관찰할 수 있는데 눈에 띄는 바위, 봉우리 및 수많은 첨탑은 암석의 침식에 대한 다양한 반응 때문이다. 백운암은 인상적인 첨탑과 봉우리 및 암벽을 형성하는 반면, 초원 지역은 풍화된 점토와 이회토*Lime ash*의 퇴적에서 생성된다.

좌측의 토파나 산군과 우측의 돌기둥 무리인 친퀘토리

바이 데 도네스 레스토랑과 리프트 승강장

리프트를 타고 오르는 모습

친퀘토리 가는 방법

친퀘토리로 이동하는 방법은 크게 두 가지가 있다. 첫 번째는 리프트를 타고 올라가는 방법으로, 파쏘 팔자레고에 있는 바이 데 도네스 레스토랑*Baita Bai de Dones* 주변의 넓은 주차 공간에 주차하고 레스토랑 바로 옆의 리프트를 타고 친퀘토리로 올라가면 된다.

다른 방법은 자동차로 올라가는 방법인데, 좁은 1차선 길을 따라 친퀘토리 산장*Rifugio 5 Torri*까지 가는 방법이다. 파쏘 팔자레고 도로(SR48)에서 친퀘토리 산장으로 접어드는 길은 좁아서 놓치기 쉽다. 이 길은 주로 암벽 등반하는 사람들이 애용하는 길로 거리는 4.2㎞로 멀지 않지만, 좁은 도로를 조심히 가면서 마주 오는 차를 피하며 천천히 가야 하기에 20분 정도 걸린다. 더군다나 오전 9시 30분부터 오후 3시 30분 동안은 차량 출입 금지 시간이므로 이 시간을 피해야 한다. 결론적으로 리프트를 이용하는 것이 마음도 편하고 시간도 절약된다.

주차장에는 레스토랑과 리프트 탑승장이 바로 연결되어 있어 매표소에서 티켓을 구입하고 바람막이 덮개가 있는 의자형 리프트를 타고 올라가면 된다. 리프트를 타고 오르다 보면 이곳 또한 걸어서 올라가는 사람들이 꽤 보이며 리프트에서 내려다보면 넓은 초원에 야생화가 가득이다. 야생화를 감상하고 있다가 보면 어느새 친퀘

승강장에서 내리면 남서쪽에 아베라우 산을 배경으로 야생화가 펼쳐진다.

토리 승강장에 도착한다. 오전과는 다른 파란 하늘은 푸른 초원과 더불어 아름다운 경치를 더해 주고 있다.

리프트 승강장 바로 옆에는 스코이아톨리 산장*Rifugio Scoiattoli*이 친퀘토리 지형과 조화를 이루고 있다. 스코이아톨리 산장은 식사나 간식, 음료 등을 즐기거나 화장실을 이용하는 등 여행자들의 휴식 공간이 되어 주고 있다.

1904년에 문을 연 친퀘토리 산장*Rifugio Cinque Torri*은 이 지역에서 가장 오래된 유서 깊은 로지*Lodge* 중 하나이다. 수년에 걸쳐 빅토리오 엠마누엘 3세 왕을 비롯한 전 세계의 왕족이 머물렀던 곳이며, 오늘날에도 국제적으로 명성이 높은 등반가가 자주 방문하는 곳이다.

스코이아톨리 산장

친퀘토리 산장

친퀘토리 트레킹

- 이동 거리: 1.8㎞
- 소요 시간: 1시간
- 고도차: 115m

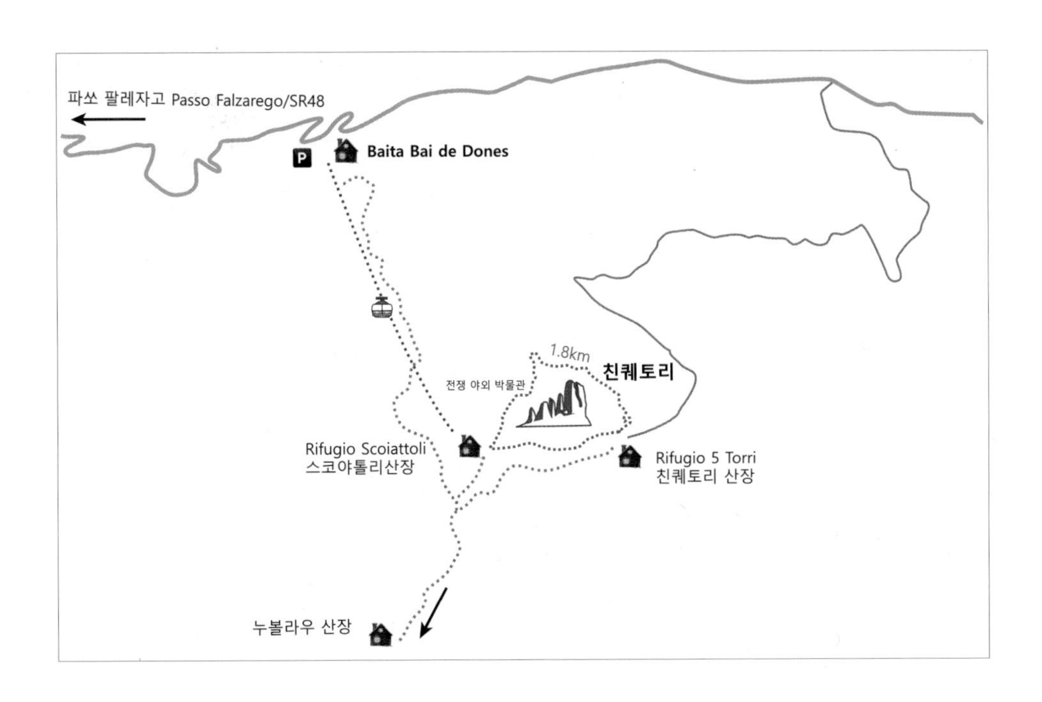

거친 모양의 커다란 5개의 바위산 친퀘토리는 암벽 등반을 즐기는 사람들에게 인기가 있는 곳이다. 각각의 바위 절벽마다 다양한 난이도의 암벽 등반 루트를 제공하고 있기 때문이다.

본격적으로 시계방향으로 트레킹을 시작한다. 어디를 쳐다보아도 파란 하늘과 초지를 가득 채운 야생화는 아름다운 모습을 더하고 있다.

약 5개의 친퀘토리 암반은 생각보다 거대하고, 암벽 등반을 시도하는 사람들로 가득하다. 멀리서 보았을 때 작아 보이는 친퀘토리 바위산을 바로 아래에서 수직으로 쳐다보니 그 높이가 대단하다. 라가주오이 산장에서 내려다볼 때는 작은 돌덩어리 집합체 같았지만, 직접 보니 위압감이 들 정도로 거대한 바위산들이다. 자세히 살펴보면, 암벽 여기저기에 등반하는 사람들을 쉽게 볼 수 있다.

친퀘토리 주변으로는 다양한 트레킹 코스가 발달되어 있는데, 여러 루트 중에서 여행자들이 선호하는 루트는 스코이아톨리 산장에서부터 아베라우 산장*Rifugio Averau*을 거쳐 누볼라우 산장*Rifugio Nuvolau*까지 이어지는 코스이다.

스코이아톨리 산장에서 아베라우 산장 쪽으로 올라가는 여행객들.
중앙의 작은 산이 누볼라우 산, 우측의 큰 산이 아베라우 산이다.

거리는 1.8㎞ 정도밖에 되지 않지만, 고도차가 제법 큰 160m로 경사가 다소 심한 오르막길이라 체력이 많이 소모되는 코스이다. 많은 사람이 이 코스를 이용하여 아베라우까지 걷지만, 슈퍼썸머카드를 이용해 친퀘토리의 반대 방향에 있는 파쏘 지아우 방향에 있는 리프트를 타고 아베라우 산장까지 편히 가는 방법도 있다.

친퀘토리를 순환하는 약 1㎞ 정도로 짧은 코스로 걷는 도중에 북쪽의 거대한 토파네 산군과 남쪽의 크로다 다 라고 *Croda da Lago* 산군이 길게 뻗어 위용을 자랑하는

순환로 초입부에서 바라본 출발지

모습을 볼 수 있다. 바로 남쪽 언덕 위에 윤곽을 그리며 자리 잡은 누볼라우 *Nuvolau* 산과 아베라우 *Averau* 산의 뛰어난 전망 또한 감탄을 자아낸다. 이러한 거대한 산군들의 모습은 잠시 발길을 멈추게 하고 현재 이곳에 있다는 사실만으로도 감동을 준다.

잘 관리된 길을 따라 걷다 보면 노랗게 수놓은 야생화가 주변의 산 사면을 빼곡히 덮은 모습을 볼 수 있고 그 속에 묻혀 홀린 듯이 빠져들어 잠시라도 아무 생각 없이 풍경을 바라만 보고 있게 된다. 가끔 보이는 보라색 초롱꽃도 서로 아름다움을 뽐내며 쳐다봐 주기를 고대하고 있다. 리프트를 타고 올라갈 때는 그다지 기대하지 않았지만, 아름다운 풍광과 더불어 힘들지 않게 가볍게 다녀올 수 있는 돌로미티의 몇 안 되는 최고의 트레킹이었다.

이 트레킹은 거리도 짧고 고도차에 의한 경사도 적어 누구나 부담 없이 걸을 수 있는 코스이다. 시간이 많지 않거나 육체적으로 힘든 트레킹을 어려워한다면 안성맞춤이다.

트레킹의 마지막 구간. 전면에 출발지인 스코이아톨리 산장이 보인다.

Passo Giau

파쏘 지아우 일대

가는길

- 코르티나 담페초에서 SR48 도로로 가다 포콜에서 SP638 도로로 좌회전하면 된다. 총 17.4㎞ 거리로 자동차로 약 30분 소요된다. 셀바 디 카도레에서는 SP638 도로로 약 10.5㎞, 20분 정도 소요되지만, 구불구불한 고갯길이 운전에 주의를 요한다.

리프트 운행 정보

- 위치: Impianti Averau S.R.L. 리프트, Via del Mercato, 14, 32043 Cortina d'Ampezzo BL, Italy
- 시간: 09:00~16:30(수시 운행)
- 비용: (왕복) 성인 18유로,
  (왕복) 어린이 12.5유로

주차

- 파쏘 지아우에 도착하면 베르그 호텔 앞 주차장을 이용할 수 있고, 고갯길 도로변에도 주차할 수 있다.

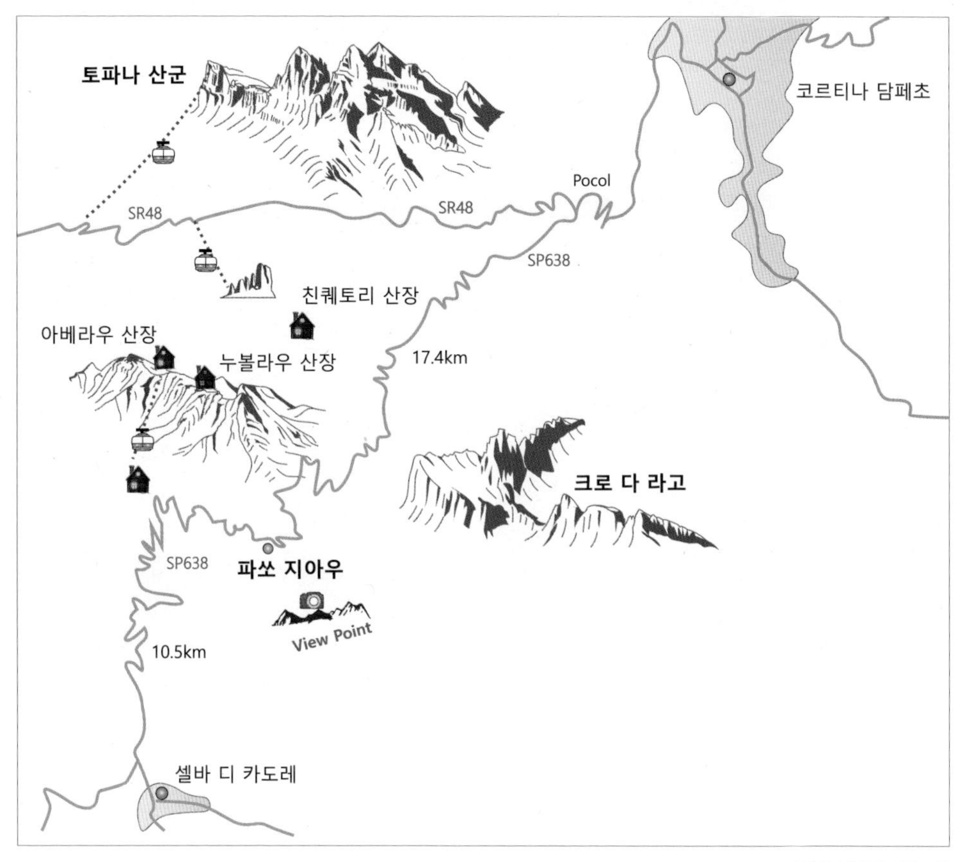

파쏘 지아우 가는 길

파쏘 지아우 *Passo Giau*

파쏘 지아우는 가장 많은 방문객이 다녀간 돌로미티 패스 중 하나이며 '돌로미티 유네스코 시스템 No.1. 펠모 크로다 다 라고*Pelmo Croda Da Lago*'에 위치해 있다. 해발 2,348m에서 감상할 수 있는 멋진 풍경이 이곳을 독특하게 만든다. 눈 덮인 봉우리부터 마르몰라다, 치베타, 셀라 그룹, 카도레 및 토파나, 안텔라오, 크리스탈로, 소라피스 등 돌로미티의 거대한 산군들과 목초지, 숲까지 전망이 펼쳐진다.

붉은 노을빛이 비칠 때 구셀라 산을 좌우로 넓게 펼쳐진 목초지와 구불구불한 고갯길이 만드는 풍경이다.
그리 맑은 날이 아니라서 노을은 없지만 구름 사이로 빛이 쏟아져 제법 아름다운 풍경을 보여 준다.

지아우 고개 정상으로 가는 산길은 숨이 막힐 정도로 아름다운 경치를 보여 준다. 작은 나무 오두막과 돌로미티의 바위 절벽을 배경으로 한 고산 초원이 산재해 있는 매혹적인 풍경이 고개 정상에 펼쳐지고 위풍당당한 모습의 누볼라우 산 정상이 보이면 지아우 고개의 2,305m 고도에 도착했다는 것을 알게 된다.

코르티나 담페초 방향에서는 길이 제법 쉬워 보이나 셀바 디 카도레 *Selva di Cadore* 에서 시작하는 도로는 길이 험하다. 정확히 29개의 구불구불한 급커브 고개를 만나게 되는데, 이 길을 넘어 고개의 정상에 도착하면 사람마다 다르지만 "돌로미티에서 가장 아름다운 풍경"이라고 말하곤 한다.

코르티나 담페초에서 출발하면 고갯길이 그리 급하지 않고 숲길에 둘러싸여 제법 완만한 경사를 오르게 된다. 고도가 높아짐에 따라 좌측에 길게 늘어선 거대한 크로다 다 라고 산을 바라보며 점점 구불구불한 길로 바뀐다. 어느 정도 길을 오르면 나무들은 보이지 않고 광활한 초원이 펼쳐지고 고개의 정상 부근에서 우뚝 선 2,575m의 누볼라우 산을 뒤에 두고 정면에 라 구셀라 *Ra Gusela*(2,595m) 산이 삼각형 모양으로 고개를 불쑥 내밀고 맞이한다. 파쏘 지아우에 올라서면 멀리 펠모 산 *Monte Pelmo*(3,168m)이 보이는데, 돌로미티의 여러 뾰족한 산봉우리 중 가장 위풍당당한 모습을 갖고 있다.

지아우 고개 반대편에 위치한 작은 교회

파쏘 지아우에 도착하면 베르그 호텔 앞 주차장이 있지만 성수기에는 차로 가득 차서 주차하기 어렵다. 주변 길가에도 차량이 가득 주차되어 있어 고갯길 빈 곳이 있으면 주차해도 된다. 파쏘 지아우를 제대로 감상하기 위해서는 주차장 뒤편에 위치한 산에 올라가 정면으로 라 구셀라 산을 바라보는 것이 단연 최고이다. 이 뷰포인트 지점이 있는 산에 가려면 호텔 앞 주차장에서 10여 분 오르면 된다.

라 구셀라 산의 반대편 정상으로 가는 길에 있는 작은 교회를 둘러보고 10여 분만 올라가면 작은 산의 정상에 도착한다. 이곳이 파쏘 지아우의 뷰포인트이다. 낮에 보아도 멋진 광경을 연출하지만, 석양의 노을이 질 때면 더 멋진 광경을 연출한다.

파쏘 지아우에서 서쪽을 바라보면
마치 공룡 등뼈와 같은 세트사쓰 Settsass 산을 볼 수 있다.

아베라우 산장 *Refusio Averau*

마운틴 파라다이스 아파트*Mountain Paradise Apartments* 뒤편의 길을 따라 라 구셀라 산 좌측 중턱으로 넘어가면 아베라우 산장을 만날 수 있다. 이 길은 등반하는 사람들은 좋아하지만, 경사가 있고 험해서 일반적으로 셀바 디 카도레 방향으로 구불구불한 길을 2.8㎞ 정도내려가서 아베라우 산장으로 올라가는 리프트 승강장을 이용한다.

친퀘토리를 중심에 두고 북서쪽에 있는 고개가 '파쏘 팔자레고'이고, 남동쪽에 있는 고개가 '파쏘 지아우'이다. 이 두 고갯길이 친퀘토리를 대칭적으로 감싸고 있다.

일반적으로 아베라우 산장은 친퀘토리에서 경사면을 따라 1.2㎞, 30분이면 올라간다. 그렇지만 슈퍼썸머카드를 이용한다면 케이블카, 리프트 등의 사용이 무제한이라 차를 타고 뒤편으로 돌아가 아베라우 산장까지 리프트를 타고 가는 것이 편한

아베라우 산장

친퀘토리에서 아베라우 산장으로 걸어오는 사람들

누볼라우 산을 오르는 길에 본 아베라우 산장

방법이다.

친퀘토리에서 도로를 돌아 반대 방향에 있는 파쏘 지아우를 거쳐 고갯길을 내려가면 페다레 산장*Rifugio Fedare*이 나오는데 이곳에서 아베라우 산장으로 올라가는 리프트를 탈 수 있다. 리프트는 간단한 2인승의 스키 리프트 형태로 좀 오래된 듯 보여 불안하지만, 20여 분이나 올라가야 한다. 리프트를 타고 정상 부근에 도달할 즈음 경사면이 급해져 놀라고 있을 때 아래에선 여유 있게 노부부가 아베라우 산장에서 자전거를 타고 내려오고 있다.

아베라우 산장에 도착하면 좌측에는 아베라우 산이 우측에는 누볼라우 산이 위치하며 산장에서 북쪽 사면 아래를 내려다보면 친퀘토리에서 걸어 올라오는 사람들이 많이 보인다.

친퀘토리에서 아베라우 산장까지의 거리는 1.2㎞ 정도지만 마지막 도착할 때쯤이면 경사가 제법 있어 힘든 길이다. 이 길을 직접 걷지 못한 아쉬움도 있지만 리프트의 편함이 만족스럽다.

아베라우 산장은 다른 산장들보다도 깨끗하고 관리가 잘 되어 있으며 편의시설, 침대, 침구류가 정갈한 편이다. 고급 레스토랑 분위기의 식당은 몇 가지 옵션이 있는 하프보드(1박 2식) 식사도 가능한 돌로미티에서 맛으로 제법 유명하다.

아베라우 산장 바로 옆에 있는 아베라우 산은 1874년 오스트리아의 리차드 이슬러*Richard Issler*가 최초로 정상 정복에 성공했는데, 당시 가이드였던 산토 시오르파에스*Santo Siorpaes*의 후손이 운영하는 산장이 바로 아베라우 산장이다.

누볼라우 산장 *Refusio Nuvolau*

아베라우 산장에서 누볼라우 산장까지는 약 1㎞ 거리로 경사가 있는 길을 30분

동쪽에서 바라본 누볼라우 산장

우측 중앙의 작은 돌기둥이 친퀘토리, 뒤편 중앙이 토파나 산군,
그리고 멀리 코르티나 담페초와 우측 뒤편의 크리스탈로 산군이 펼쳐지는 장관을 볼 수 있다.

은 족히 올라가야 한다. 파쏘 지아우 고개에서 정면으로 보았던 라 구셀라 산에 연결된 뒤쪽 봉우리가 누볼라우 산*Monte Nuvolau*(2,575m)이다.

누볼라우 산장은 돌로미티가 아직 오스트리아 영토였던 1883년 8월 11일 공식적으로 문을 연 돌로미티에 세워진 최초의 산장으로 당시의 이름은 작센단크 휴테*Sachsendank hütte*였다. 1915년 5월 이탈리아가 전쟁에 참전한 후 이 피난처는 이탈리아 포병대가 관측소로 사용했으며, 이에 따라 적의 공격으로 인해 표적이 되고 심하게 손상되었다. 전쟁 후 이탈리아 영토로 바뀌면서 지금의 이름으로 다시 세워졌다.

아베라우 산장에서 누볼라우 산장까지의 트레킹

- 코스: · · 아베라우 산장(2,413m) · · ▶ · · 누볼라우 산장(2,575m) · ·
- 이동 거리: 1km
- 소요 시간: 30분(왕복 50분)
- 고도차: 162m

누볼라우 산장으로 오르는 길의 중간에 서서 북쪽을 바라보면 친퀘토리가 앙증맞게 서 있고, 그 뒤편으로 토파나 산군과 우측에 크리스탈로 산군까지 파노라마처럼 광활한 경치가 펼쳐진다. 이 밖에도 멀리 펠모, 마르몰라다, 치베타, 포르민, 크로다 다 라고 등 돌로미티를 대표하는 산들도 볼 수 있다.

등반하는 사람들이 많고 나무 하나 없는 탁 트인 돌길이라 개방성이 좋아 길을 잃거나 할 염려는 없다. 경사가 제법 있고 거친 돌길이라 걷기가 쉽지는 않지만, 경로가 짧아 왕복 50분이면 다녀올 만한 곳이다. 산 정상에 도착하여 알타비아 1 루트에 포함되는 누볼라우 산장을 바라보면, 이렇게 좁은 대지에 어떻게 건축하였는지 경이롭기까지 하다.

누볼라우 산장 뒤편에서 내려다보이는 파쏘 지아우 고개

누볼라우 산장에서 본 경치. 중앙 뒤편의 테이블처럼 평평해 보이는 모습이 포르민, 포르민 뒤의 뾰족한 봉우리가 크로다 다 라고 산이다. 인물 방향의 뒤편 구름에 가린 봉우리가 펠모 산이다.

누볼라우 산장은 아베라우 산장보다 더 높은 산 정상에 위치하기 때문에 돌로미티 산봉우리 풍경을 360° 파노라마로 볼 수 있다. 누볼라우 산장은 샤워도 할 수 없을 정도로 시설이 불편하므로 아베라우 산장 또는 친퀘토리의 스코이아톨리 산장에 숙박하는 것이 좋다. 이곳에서 바라보는 풍경은 너무 멋진 광경을 보여 주므로 누볼라우 산장은 꼭 다녀오는 것이 좋다.

La Val

라 발

가는길

- 페데로아까지는 코르티나 담페초에서 42.2㎞ 거리로 자동차로 약 1시간 소요된다. SR48번 도로를 타고 팔자레고 패스를 거쳐 SP24번 도로를 타고 라 빌라까지 간다. 라 빌라에서 SS244번 도로로 9.5㎞ 정도 주행하면 도달한다.
- 오르티세이에서 약 42㎞, 1시간 정도 소요된다.

주차

- 위치: 산 제네시오 마을 윗부분으로 올라가면 작은 회전 사거리에 작은 공간
- 공간: 2~3대 정도

이탈리아어로 '라 발레*La Valle*', 라딘어로 '라 발*La Val*'이라 불리는 이 지역은 페데로아*Pederoa*, 산 제네시오*San Genesio*, 콤플로이*Comploi*, 캄포*Campo*, 룬츠*Lunz* 등의 작은 마을을 포함한 고산 지역이다. 구글 지도에는 '라 발'로 기록되어 있다.

라 발은 돌로미티의 해발 1,348m에 있는 이탈리아 원주민 집성촌인 라딘 마을로 인구의 97.66%가 라딘어를 사용하며, 1.53%는 이탈리

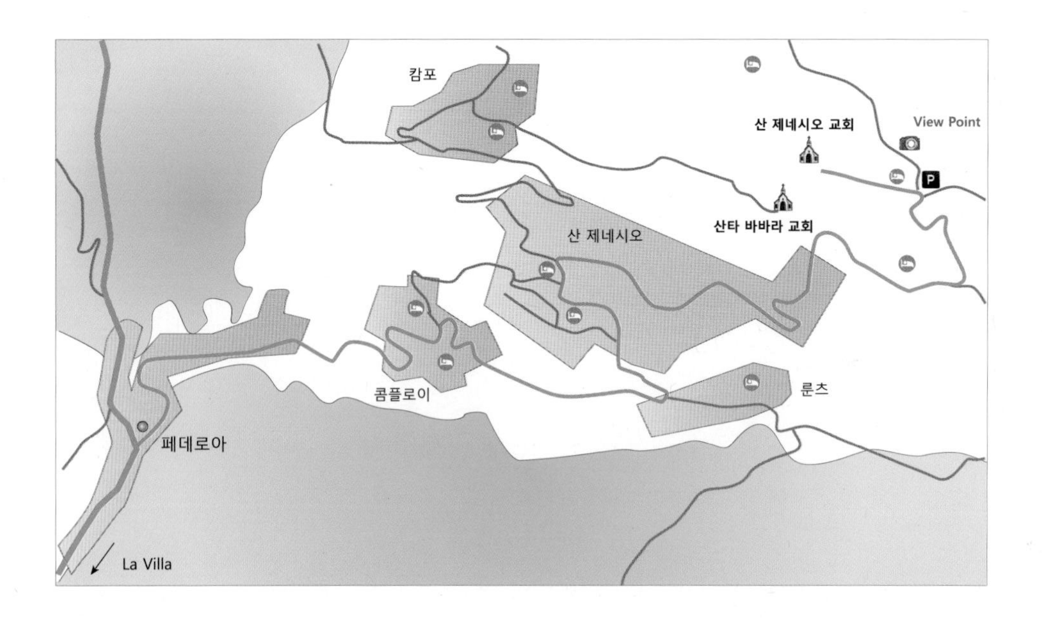

아어, 0.81%는 독일어를 모국어로 사용한다. 2010년 11월 30일 기준으로 인구는 1,307명, 면적은 39.0㎢이다.

유네스코 세계문화유산으로 지정된 사우스 티롤의 돌로미티 줄기에 위치한 고산 마을로 훼손되지 않은 자연과 문화 경관을 자랑하는 곳이다. 하이킹, 등산, 산악자전거 등의 관광 산업은 농업과 함께 이 지역 경제의 중심이다. 돌로미티의 독특하고 장엄한 아름다움, 잘 관리된 알파인 초원과 매혹적인 산악 이야기, 다양한 자연과 생물로 유명하다.

이 작은 고산 마을은 쉬운 산책부터 도전적인 등반 투어에 이르기까지 수많은 하이킹 코스로 둘러싸인 아름답고 평화로운 환경, 신비로운 장소와 인상적인 산의 경치 덕분에 등산객과 야외 활동을 즐기는 사람들에게 인기 있는 장소로 변모되고 있다. 2015년부터 사우스 티롤에서 최초로 인증받은 하이킹 장소가 되었으며 '유럽 하이킹 마을' 프로젝트의 선구자 역할을 하고 있다.

가운에 뒤쪽 배경으로 푸에즈 - 오들레 산군이 병풍처럼 서 있고, 우측에는 키에자 디 산 제네시오 교회,
중앙에 산타 바바라 교회가 아름다움을 더한다.

라 발에서는 사스 데 푸티아*Sass de Putia*, 사쏘 디 산타크로체*Sasso di Santa Croce* 및 몬테 크로체*Monte Croce* 등 주변의 거대한 산맥들이 만든 인상적인 풍경을 어디에서나 볼 수 있다. 이곳에서는 완만한 구릉이 있는 고산 목초지가 울퉁불퉁한 석회암과 백운암의 암괴를 만나 환상적인 풍경을 만들어 낸다.

산 제네시오 마을에 있는 산타 바바라 교회*Church of Santa Barbara*와 키에자 디 산 제네시오*Chiesa di San Genesio* 교회가 어우러지고, 푸에즈-오들레 산군이 장엄하게 뒷배경이 된 멋진 경치를 볼 수 있는 곳이다. 산 제네시오는 고지대 언덕에 있어 중앙선이 없는 좁고 구불구불한 길을 한참이나 올라가야 한다.

산 제네시오 마을 뒤편의 언덕으로 올라가면 회전 사거리에 2~3대 정도 주차할 작은 공간이 나온다. 이곳에 주차하고 위쪽 길로 약 100m 정도 올라가면 뷰포인트 지점에 도착한다. 이 지점에서 경치를 보면 정면에 푸에즈-오들레 산군이 병풍처럼 서 있고, 우측에 키에자 디 산 제네시오 교회, 중앙에 산타 바바라 교회가 조화롭게 배치되어 아름다움을 더한다.

하얀 미나리과의 천궁 Cnidium officinale이 초원을 하얗게 만들었다.

키에자 디 산 제네시오 교회 *Chiesa di San Genesio*

산 제네시오 교회는 종탑과 터만 남은 오래된 교회 유적지이다. 라 발에 세워진 첫 번째 교회인 이곳에 대한 언급은 1382년으로 거슬러 올라간다. 15세기 말, 고딕 양식의 성가대석 건물이 추가되었고 1484년 브레사논의 비카르에 의해 성 게네시오를 기리기 위해 공식적으로 헌납되었다.

큐레이터 마티 디클라라는 인구가 증가해 교회가 비좁아지자 1856년에 새로운 교회를 짓자고 제안했다. 이 프로젝트는 카펠로 톤 디크리스토포로 목사가 수행했고, 마을 중심부에 같은 이름을 가진 새로운 교회가 8년의 건축 과정을 거쳐 1876

산 제네시오 교회

년에 완성되었다. 이 산 제네시오 교회는 세월이 지나 점차 낙후되어 목재와 건초 창고로 사용하다가 종탑(14세기)을 제외하고는 본체 모두가 1935년에 철거되었다.

로마네스크 양식 건물의 벽 잔해에는 동쪽으로 지어진 단일 본당의 성가대석과 종탑 사이에서 후기 고딕 양식의 성구 보관실의 기초 벽이 보인다.

산타 바바라 교회 *Church of Santa Barbara*

산 제네시오 교회에서 걸어서 5분이면 산타 바바라 교회*Church of Santa Barbara*에 도착할 수 있다. 후기 고딕 양식의 작은 이 교회는 15세기 라 발 중심부 바로 외곽의 탁 트인 언덕에 세워졌다. 이 교회에서 특히 역사적, 예술적 가치가 있는 것은 내부의 프레스코화와 교회 외부 벽에 묘사된 마리아와 요한이 있는 십자가 처형 이미지이다. 역사 문서에 따르면 이 교회는 광부의 수호성인인 산타 바바라를 기리기 위해 발파롤라 광부들이 건설하였다고 한다.

산타 바바라 교회

Lago di Braies

브라이에스 호수

가는길

- 코르티나 담페초에서 48㎞ 거리로 자동차로 약 1시간 소요된다. SS51 도로를 따라가다 도비아코에서 SS49 도로로 7㎞ 달린 후 좌회전하여 8.5㎞를 더 가면 도착한다.
- 브라이에스 호수는 산 칸디도, 발 푸스테리아에서 21㎞(23분), 코르티나 담페초에서 46㎞(50분), 오르티세이, 발 가르데나에서 91㎞(1시간 30분) 거리에 있다.

주차

- 주차장은 근거리부터 P4~P1까지 있다. 7월 10일부터 9월 10일까지는 오전 9시 30분부터 오후 4시까지 브라이에스 호수로 자가운전 접근이 제한된다. 주차장 사전 예약자만 출입할 수 있으며 이전과 이후의 시간에는 누구나 출입이 가능하다. 비수기에는 제한이 없다.

주차장 사전 예약 방법

- 각기 다른 주차장이 각기 다른 당사자에 의해 관리되기 때문에 주차를 예약하는 방법에는 몇 가지가 있다.
- 주차구역 P4는 호텔 라고 디 브라이에스가 관리하는 주차장이다. 호수와 가장 가까운 주차장으로 38유로에 당일 티켓을 예약할 수 있다. 여기에는 주차장(하루 중 언제든지) 이용, 예약된 주차 공간, 엠마스 브리스트로 또는 파노라마 레스토랑에서

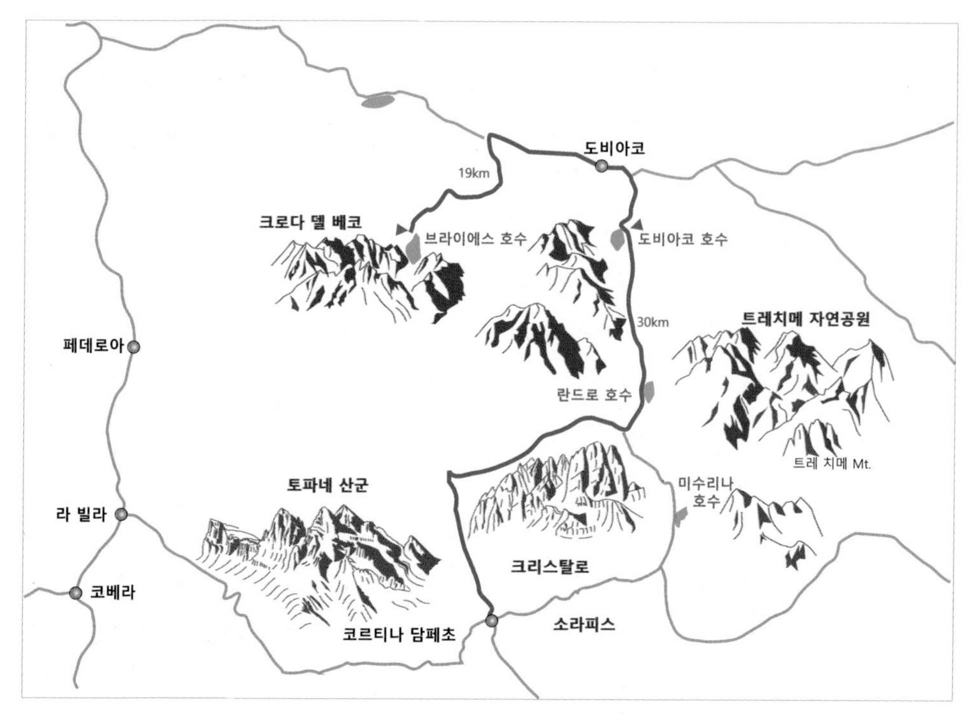

브라이에스 호수 가는 길

사용할 수 있는 15유로 쿠폰이 포함된다. 단, 캠핑 차량은 여기에 주차할 수 없다.

www.pragsparking.com

- 주차구역 P3은 호수에서 불과 500m 떨어져 있어 호수에서 두 번째로 가까운 주차장이다. 홈페이지에서 사전 예약할 수 있으며, 하루 종일 주차하는 데 7유로가 든다.

www.parking.speckstube-eggerhof.it

- 주차구역 P2는 브라이에스 호수에서 800m 떨어져 있으며 홈페이지에서 예약할 수 있다. 비용은 40유로이며 대중교통 허가증, 주차 공간, 셔틀(필요한 경우), 일부 레스토랑에서 이용할 수 있는 20유로 바우처(티켓을 미리 예약한 경우)가 포함되어 있다.

www.prags.bz

- 주차구역 P1은 브라이에스 호수에서 5.5km 떨어져 있다. 브라이에스 호수까지 셔틀이 약 30분 간격으로(점심시간을 제외하고 오전 9시 30분부터 오후 4시까지) 운행된다. 홈페이지에서 예약할 수 있다.

www.prags.bz

- 2019년부터 7월과 8월 두 달 동안 10:30부터 15:00까지 호수로 가는 길목에 있는 마을인 페라라에서부터 차량 출입이 통제된다. 통

제되면 페라라에 있는 주차장에 주차 후 1시간 반 정도 걸어가거나 442번 버스(10분 소요, 1시간 간격 배차)를 이용해야 한다. 442번 버스의 비용은 3유로이다.

방문 Tip

- 호텔에서 점심이나 간식을 구입할 수 있으며, 호수 입구에도 작은 레스토랑/바가 있다.
- 브라이에스 호수에서 풍경 사진을 찍기에 가장 좋은 시간은 이른 아침이다. 여름에는 오전 8시 30분경에 아침 햇살이 물을 비춘다. 이른 아침이나 저녁에 가면 붉은색으로 물든 돌로미티의 산을 호수의 반영으로 잡을 수 있다. 하루의 일정을 이곳에서 시작하거나 마무리한다면 멋진 사진을 얻을 수 있다.
- 호수의 인기로 인해 오전 10시쯤부터 많은 인파가 나타나기 시작한다.
- 호수에서는 드론 비행이 허용되지 않는다. 이 지역은 사유지로 '드론 금지' 표지판이 게시되어 있다.

기본 정보

- 입장료는 무료이며 수영은 원칙적으로 불가
- 트레일 시작점: 호텔 라고 디 브라이에스
- 이동 거리 및 소요 시간: 3.6㎞ 순환, 1시간 30분
- 고도 변화: 50m
- 난이도: 하
- 보트 대여: 30분에 25유로, 60분에 35유로
- 공중화장실: 호텔 라고 디 브라이에스, 주차장, 브라이에스 호수 남단의 3곳에 위치

브라이에스 호수(독일어로 프라그세르 *Pragser Wildsee*)는 유네스코 세계문화유산인 파네스 *Fanes* – 세네스 *Sennes* – 브라이에스 *Braies* 자연공원에 있는 고산 호수로 웅장하게 솟은 크로다 델 베코 *Croda del Becco* 산군(2,810m) 북쪽 기슭에 자리 잡고 있다. 이 산괴는 입이 떡 벌어질 만큼 그림처럼 완벽한 브라이에스 호수의 배경을 이루고 있다. 신비로운 빛깔로 하늘을 담고 있는 호수는 마치 다른 세계로 들어가는 문 같다.

호수는 청록색과 에메랄드그린의 맑은 바닷물과 그 속에 담긴 자연경관으로 돌로미티의 진주라고 불리며, 많은 관광객의 발길이 끊이지 않는 관광지이다. 실제로 호수에 들어서면 크로다 델 베코를 포함한 돌로미티 봉우리로 세 개의 방향이 둘러싸여 있다.

브라이에스 호수 서킷 트레킹

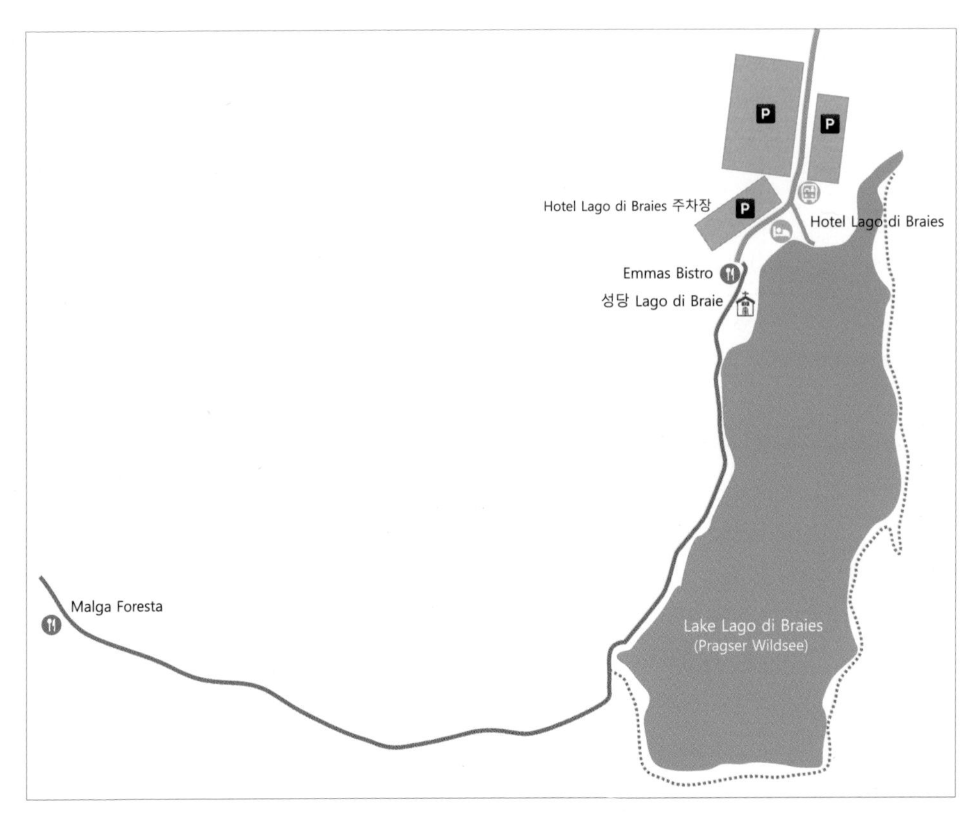

돌로미티의 브라이에스 호수에서 가장 추천하고픈 것은 호수 전체를 산책하는 것이다. 호수를 한 바퀴 도는 산책로는 대부분 평탄하고 걷기 쉬워 어린아이들과 함께 산책하는 가족들도 많이 보인다.

어느 방향으로든 하이킹을 할 수 있지만 대부분은 호수로 들어오는 입구의 출입로에서 자연스럽게 길이 이어지기 때문에 시계 반대 방향으로 하이킹하게 된다. 입구를 지나 처음으로 마주하는 브라이에스 호수는 밝은 햇살이 비추어 투명하고 맑은 호수와 주변이 잘 어울리도록 만든다. 바람 없는 오전이라면 브라이에스 호수가 빛을 반사하여 높은 산들이 호숫물에 아름다운 데칼코마니를 연출한다.

브라이에스 호텔*Hotel Lago di Braies*을 지나면 바로 '카펠라 라고 디 브라이에스*Cappella Lago di Braies*' 예배당을 지나게 된다. 1904년에 지어진 이 예배당은 제2차 세

브라이에스 호수 모습

계대전 중 독일 SS* 사령관이 자기의 안전을 위해 독일의 강제 수용소에서 이곳으로 끌려온 137명의 정치범들과 포로 교환을 한 장소였다. 풀려난 수감자들은 이 교회에서 위로와 감사를 구하는 기도를 드리기도 했다.

건축학적 특징은 고딕 양식과 로마네스크 양식의 혼합을 보여 주며, 외관을 장식

* 나치스친위대: 히틀러가 창설한 개인 경호부대. 히틀러와 다른 나치 지도자들과 연설자들을 보호하고, 정치 집회에 대한 보안을 제공하며, 나치당 신문인 〈Der Völkischer Beobachter(인종 의식적 관찰자)〉의 구독자를 모집했다.

하는 복잡하고 정교한 세부 장식도 있다. 내부는 종교사의 장면을 묘사한 프레스코화로 아름답게 장식되어 있다. 예배당의 고요한 분위기와 어우러진 주변 호수와 산의 멋진 전망은 이곳을 더욱 매력적인 장소로 만들어 준다.

호수를 따라 한 바퀴 걸으면 속도에 따라 약 1시간 정도 소요되며, 산책하다 보면 어느 방향에서 보든지 브라이에스 호수가 주변과 잘 어울려 맑은 물빛을 자랑한다. 중간중간 몇 군데의 멋진 전망대가 있고, 출발점 반대쪽인 순환로 남쪽에는 일광욕을 위한 작은 해변이 있어 잠시 쉬어가는 것도 좋은 방법이다. 또한 호수의 남쪽 끝에는 좀 더 도전적인 트레킹에 관심이 있는 사람들을 위해 크로다 델 베코 산으로 향하는 추가 하이킹 코스가 있다.

브라이에스 호수 순환 트레일은 절벽 밑으로 쉽게 걷도록 길을 만들어 놓았지만, 호수 동쪽 기슭에는 경사가 있는 계단이 일부 포함되어 있다. 맑은 호수를 바라보고 순환로를 걷다 보면 나무 보트를 대여할 수 있는 선착장이 나오는데 이곳에서 트레킹은 끝이 난다.

카펠라 라고 디 브라이에스Cappella Lago di Braies

남쪽에서 본 호수

경사진 동쪽 순환로

호텔, 레스토랑 및 시설

브라이에스 호수는 19세기부터 이미 인기 있는 산악 휴양지였다. 호수 북쪽 기슭에는 이제 막 120주년을 맞이한 유서 깊은 호텔인 '그랜드 호텔 프라그세르 와일드씨 *Grand Hotel Pragser Wildsee*'가 있다. 1899년에 처음 문을 열었고 이후로 같은 가족이 소유해 왔다.

호텔에는 호수가 내려다보이는 멋진 레스토랑이 있으며, 이곳에서 점심이나 저녁 식사를 즐길 수 있다. 하절기라면 성수기에만 문을 여는 다른 간단한 레스토랑도 있다.

Tip 호텔 숙박을 예약하거나 호텔 레스토랑에 테이블을 예약할 때는 여름에도 일반적으로 호수까지 운전하여 호텔에 주차할 수 있다.

호수 순환로 마지막 부근에서 본 브라이에스 호수

Lago di dobbiaco

도비아코 호수

가는길

- 자동차 이용 시: 여름과 겨울 모두 자동차로 쉽게 접근할 수 있다. 코르티나 담페초에서 약 30㎞ 거리로 SS51 도로를 이용하면 약 40분 소요된다.
- 대중교통: 코르티나까지 운행하는 445번 버스(도비아코에서 출발)로 도비아코 호수 주차장에 정차하면 된다.

주차

- 유료 주차장은 호수 근처를 지나가는 국도에 바로 접해 있다.
- 비용: 1시간당 2유로

기본 정보

- 고도: 1,251m
- 면적: 14.3㏊
- 깊이: 최대 3.5m
- 둘레: 4.5㎞

알타 푸스테리아*Alta Pusteria*의 도비아코 호수는 트레 치메 라바레도 자연공원과 파네스-세네스-브라이에스 자연공원 사이 경계에 위치한 멋진 산들의 풍경 속에 자리 잡은 보석 같은 곳이다.

도비아코 호수는 해발 1,259m의

알타 푸스테리아의 발레 디 란드로 *Valle di Landro* 계곡 입구에 위치해 있다. 발레 디 란드로는 도비아코와 코리티나 담페초를 연결하는 계곡이다.

도비아코 남쪽의 이 작은 고산 호수는 호수 서쪽 해안의 산에서 떨어져 나온 수많은 산사태에 의해 형성되었다. 리엔차 *Rienza* 강을 가로지르는 이 산악 호수로 잔해 퇴적물이 지속적으로 유입되고 수중 수생 식물이 자라기 시작하였다. 이에 따라 유역이 퇴적물에 침적되는 경향이 높아지므로 이 문제를 정기적으로 해결해야 했다. 1983년부터 1987년 사이에는 호수를 재구성하는 작업이 수행되었으며, 특히 유역 남부 지역을 중심으로 퇴적물 제거 작업이 있었다. 2010년 봄 이후 호수 바닥을 복원하는 작업이 다시 시작되었다. 이 작업은 몇 년 동안 지속되는 주기적인 작업으로, 수심이 3.5m로 얕은 호수 표면이 천천히 줄어들지 않도록 하려면 반드시 해야 할 일이었다.

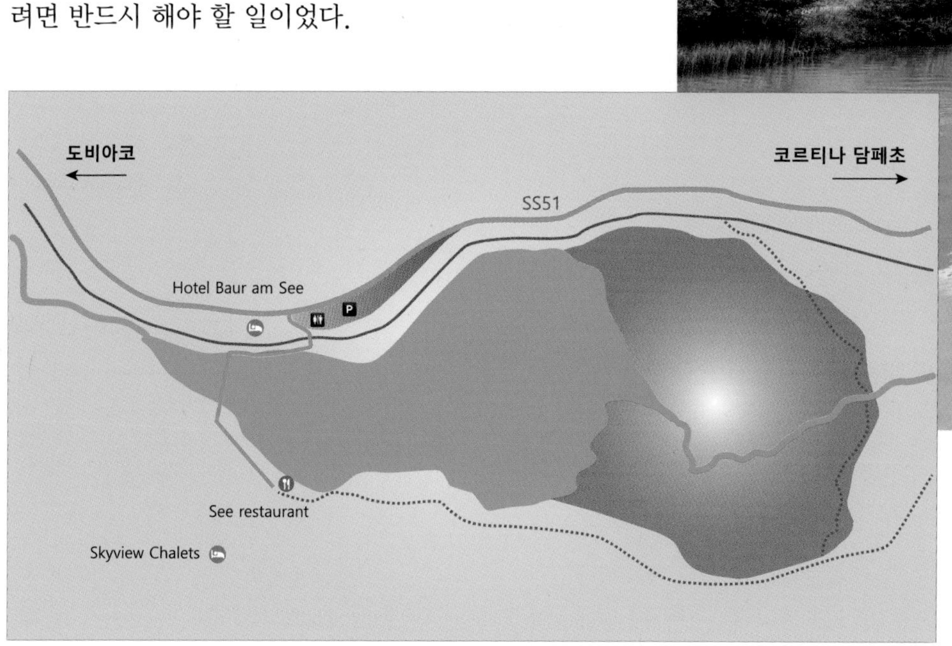

도비아코 호수와 순환로

도비아코 호수

진입로 초반

역사적으로는 1939년 2차 세계대전 당시 무솔리니가 이탈리아로 진입하는 접근로를 막기 위해 도비아코 호수 주변으로 5개의 벙커가 건설되었다. 이 구조물은 제2차 세계대전의 복잡한 방어 요새 시스템인 사우스 티롤의 '발로 알피노 *Vallo Alpino*'의 일부이다.

도비아코 호수는 알파인 지역에 존재하는 몇 안 되는 습지 중 하나로 사우스 티롤에서 가끔 발견되는 희귀종의 새를 관찰할 수 있는 곳이다. 특히 봄과 가을에 따뜻한 나라로 이동하는 새들을 관찰할 수 있어 조류 애호가들 사이에서도 유명하다. 새를 관찰하기에 가장 좋은 곳은 호수 서쪽 기슭에 위치한 전망대이다.

녹색과 파란색으로 빛나는 물은 크로다 데이 바란치 *Croda dei Baranci*(독일어 Birkenkofel)와 치마 노베 *Cima Nove* 바위 봉우리를 반영하여 멋진 풍경을 보여 준다.

현재는 도비아코 호수 자연 트레일을 통해 호수 주변을 한 바퀴 도는 4.5㎞의 순환로를 따라 2시간 동안 즐겁게 산책할 수 있다. 길을 따라 자연환경과 보호구역의 다양한 동식물에 대한 정보 테이블이 11개 설치되어 있어 학습하며 걷는 즐거움이 있다.

물새와 철새들의 이상적인 보금자리이자 휴식처

또한, 여름철에는 보트를 타거나 11개의 스테이션이 있는 자연 산책로를 이용하면 이 지역의 동식물에 대한 놀라운 통찰력을 얻을 수 있다. 야생동물과 함께하는 자연 산책로는 길이가 2.5㎞에 불과하며 어린이가 뛰어다니거나 유모차도 이용할 수 있다.

이탈리아의 도비아코 호수는 여름에는 수영의 즐거움을 제공하지만, 추운 계절 기온이 떨어지고 호수가 얼면 방문객에게 스케이트와 컬링의 즐거움을 주는 얼음의 마법을 제공한다. 또한, 현장에서 라이선스를 구매하면 낚시도 즐길 수 있다.

자연 산책로

도비아코 호수 주변으로 자연생태 트레일*Dobbiaco Lake Nature Trail*이 2000년 봄에 설치되었다. 거리 4.5㎞로 호수 주변을 2시간 동안 즐겁게 배우며 산책할 수 있다.

자연 산책로를 따라 배열된 11개의 안내판에는 호수에 서식하는 동식물 및 지형 등 자연환경에 대한 정보를 제공한다. 교육 코스를 걷는 데에는 성인은 약 1시간 정도, 유모차나 아이들도 2시간 정도면 쉽게 완주할 수 있다. 이 자연 산책로는 겨울에도 개방된다.

도비아코 호수까지의 순환 하이킹이 너무 짧다고 여겨진다면 도비아코 호수까지의 하이킹을 세게*Seghe* 마을에서 시작하면 거리가 3.4㎞가 늘어난다. 그곳에서 교통이 통제된 넓은 길을 따라 약 30분이면 도비아코 호수에 도달할 수 있다. 그 후 노 젓는 보트와 페달 보트를 호수에서 직접 대여해서 타볼 수 있다.

Auronzo di Cadore

아우론조 디 카도레

가는길

- 코르티나 담페초에서 35㎞ 거리로 SR48 도로를 따라 자동차로 약 50분 소요된다. 구불구불한 고갯길이 많아 운전에 주의를 요한다. SS51 도로로는 약 50㎞ 거리로 1시간 가량 소요된다.

주차

- 산타 카테리나(아우론조) 호수 입구의 트랜스아쿠아 다리 앞에 있는 24시간 개방 주차장을 이용할 수 있다.
- 비용 : 무료

아우론조 디 카도레

Auronzo di Cadore

아우론조는 인구 3,100명 내외의 작은 마을로 약 8㎞ 길이의 안시에이*Ansiei* 강이 가로지르는 계곡에 위치하며, 자동차와 대중교통으로 쉽게 접근할 수 있다. 마을은 강둑을 따라 조성되었으며 주변이 높게 솟아오른 산들로 둘러싸여 있다.

트레 치메 라바레도가 근거리에 있고, 산타 카테리나 호수가 있는

아우론조 디 카도레 가는 길

특별한 위치 덕분에 이탈리아 북부에서 사랑받는 휴양지 중 하나가 되었다. 이곳은 산악 휴가 애호가들이 가장 사랑하는 고지대 목적지 중 하나이다. 마을의 아름다움뿐만 아니라 이용할 수 있는 다양한 레저활동이 매력적인 곳이다.

1932년 건축된 댐 덕분에 만들어진 인공 호수인 아우론조 호수로 더 알려진 산타 카테리나*Santa Caterina* 호수는 이곳의 랜드마크이다.

이 마을의 주변을 감싸고 있는 산은 돌로미티에서 가장 사랑받는 산 중 하나인 트레 치메 디 라바레도로, 3,000㎙에 달하는 거대한 바위 절벽이 숨이 막힐 정도로 아름다운 곳이다. 이곳 호텔과 샬레 등의 건물에는 전형적인 목제 발코니에 꽃을 피운 제라늄 화분이 가득하여 소박하고 아름다운 마을임을 알 수 있다.

산타 카테리나 호수와 아우론조 마을

산타 카테리나 호수 트레킹

산타 카테리나 호수*Lago di Santa Caterina*는 베네토 지방의 아우론조 디 카도레 자치구에 위치하고 있어 아우론조 호수*Lago di Auronzo*라고도 한다. 이 호수는 안시에이 강을 막기 위한 55m 높이의 댐 건설로 생긴 인공 호수이다. 댐 건설 작업의 역사는 지난 세기 전반기로 거슬러 올라가 1930년에 시작되어 1932년에 건설이 끝났다. 이 댐의 건설로 물의 흐름을 통해 하류 수력 발전소에 전력을 공급하게 되었다.

1,500년 산타 카테리나라는 성자에게 헌정된 예배당이 댐 근처에 있었기 때문에 '산타

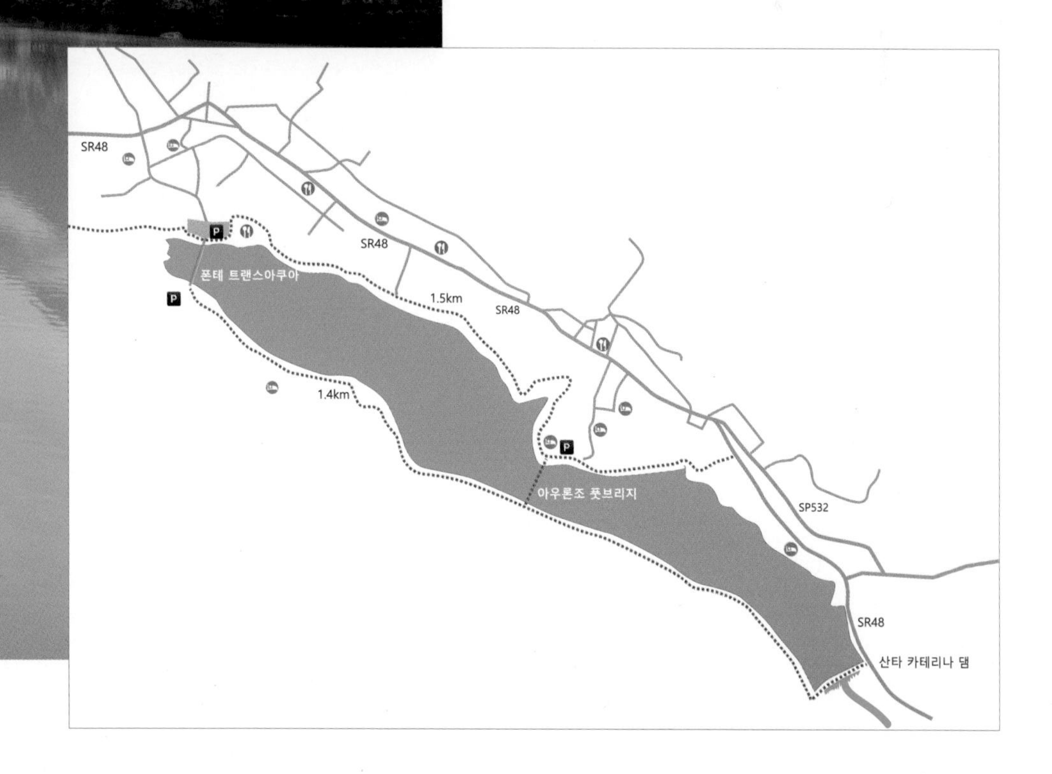

카테리나'라는 이름을 갖게 되었다. 이 마을 이름을 따서 '아우론조 호수'라고도 불리었지만, 많은 사람들이 '산타 카테리나 호수'라는 이름을 더 선호한다.

아우론조 마을의 랜드마크 역시 이 호수인데, 우윳빛의 연한 녹색 빛을 띠는 호숫물에 주변의 숲과 산맥을 마치 액자에 넣은 듯 반영하여 주변의 풍경과 아름답게 조화를 이룬다. 트랜스아쿠아 다리*Ponte Transacqua*에서 약 2.4km 떨어진 반대편 산타 카테리나 댐을 보지 않았다면 인공 호수라고 믿기 어려울 것이다.

이 호수는 가만히 앉아 감상하는 것도 좋지만 한 바퀴를 도는 산책이야말로 최고의 선택이다. 트랜스아쿠아 다리 주변의 주차장에 주차하고 호수를 한 바퀴 도는 순환 산책로를 따라 걸으면 된다. 독특한 에메랄드그린 색상을 가진 이 호수의 길은 완만하고 평탄하여 도보 산책은 모든 연령대에 적합하며 유모차도 가능하다.

호수를 바라보며 순환로를 약 1km 정도 걷다 보면 중간에 아우론조 훗브리지*Auronzo footbridge*라는 다리가 있는데 다리 앞 공터에는 어린이들이 놀 수 있도록 플레이 그라운드가 조성되어 있어 맘껏 뛰놀 수 있다.

이 호수를 한 바퀴 도는 전체 순환로는 길이가 5km 정도이고 고도 차이가 거의 없는 평탄한 지형으로 남녀노소 누구에게나 적합한 산책이다. 조금 짧은 경로로는 호수 끝에 위치한 댐까지 가지 않고 호수 중간에 있는 아우론조 훗브리지를 건너게 되면 3km 정도로 순환로의 거리는 짧아진다.

멋진 엽서 사진을 얻으려면 적어도 아우론조 훗브리지 다리의 중간 지점에서 찍는 것이 좋다. 순환 투어를 완료하려면 90분 정도 소요되지만, 중간에 쉬는 횟수에 따라 시간이 많이 달라지는데, 멋진 풍경과 쉼터가 많아 자주 쉬게 되는 곳이다.

SUMMARY

Val Fiorentina

발 피오렌티나

가는길

- 콜레 산타루치아는 파쏘 팔자레고에서 약 18㎞ 떨어져 있어 자동차로 30분 정도 소요된다. 파쏘 지아우에서는 약 12㎞ 떨어져, 자동차로 25분 정도 소요된다.
- 좌측에 마르몰라다, 우측에 펠모 산과 접해 있어 방문하는 곳과 연계하여 일정을 세우는 것이 좋다.
- 셀바 디 카도레는 콜레 산타루시아에서 3㎞ 떨어진 가까운 거리에 있다.

주차

- 콜레 산타루치아는 마을 중앙 광장에 10여 대 주차할 무료 공간이 있다.
- 셀바 디 카도레는 산 로렌조 교회 옆에 작은 무료 주차장이 있다.

발 피오렌티나 지역은 계곡의 길이가 10㎞가 조금 넘는 벨루노 지방의 계곡 마을로 251번 지방도로가 교차하며 북쪽의 몬테 몬데발*Monte Mondeval*과 몬테 세르네라*Monte Cernera* 산과 동쪽의 펠모 산, 남쪽의 치베타 산군들로 둘러싸인 조용하고 작은 마을이다.

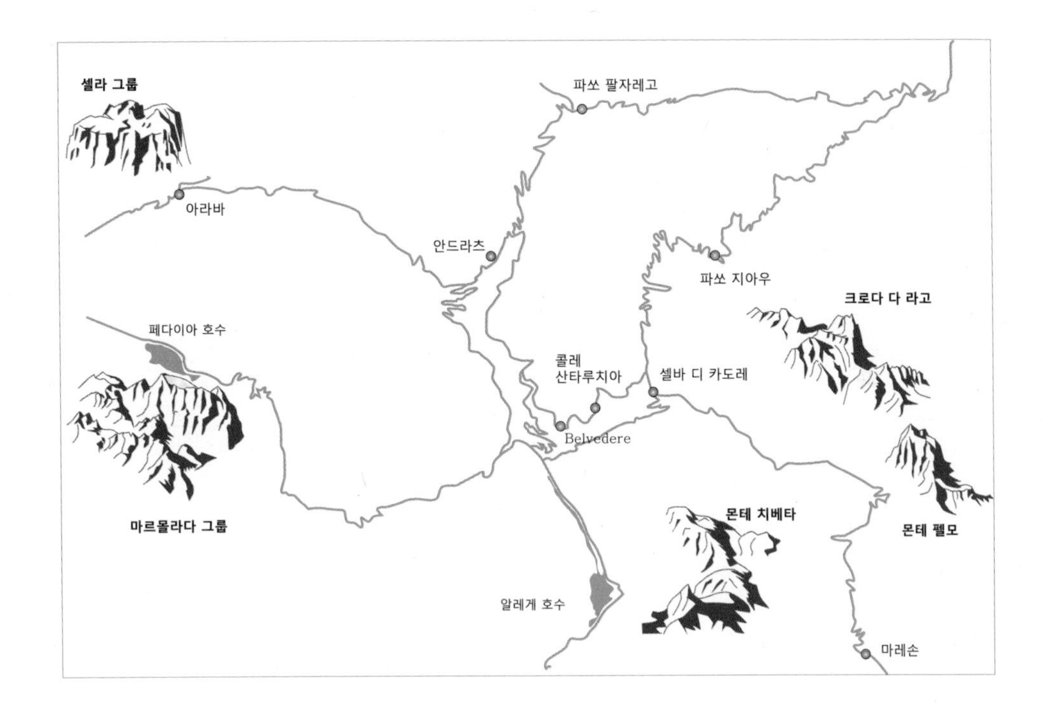

발 피오렌티나의 문화와 역사

발 피오렌티나 지역은 많은 문화적 명소를 볼 수 있다. 제1차 세계대전 중 수많은 피비린내 나는 전투가 벌어졌던 현장이었다. 대표적 장소로는 근교에 있는 안드라츠 성*Andraz Castle*으로 이 성은 폭격을 받아 거의 폐허 상태이다.

서기 1,000년경에 건설된 안드라츠 성은 아라바 계곡의 행정 중심지이자 이 지역의 무역로를 통제하는 전략적 지점이었다. 전쟁으로 폐허가 된 성은 지난 몇 년 동안 대대적인 복원 작업을 마친 후 안드라츠 성 박물관이라는 이름으로 지역 전통 보호를 목표로 계곡의 위대한 과거를 다루는 흥미로운 전시 공간으로 구성되었다.

안드라츠 성

콜레 산타루치아에 도달하기 직전에 촬영한 콜레 산타루치아 교회의 풍경으로 인터넷에 가장 많이 오르내리는 사진이다.
중앙의 구름에 가려진 산이 펠모 산이다.

멀리 아래게 호수와 거대한 산군인 치베타도 보인다.

앞쪽 마을이 카프릴레 마을,
계곡 안쪽이 사비네르 디 라스테 마을이다.

벨베데레 *Belvedere*

평탄치 않고 굴곡이 심한 도로를 오르내리길 여러 번, 약 16㎞ 정도 달려가면 산길 절벽에 위치한 벨베데레에 도착한다. 벨베데레 자체가 전망대라는 뜻이다. 이곳에서 절벽 아래를 내려다보면 항공 영상처럼 조밀한 집들이 주변 경관과 어우러져 아름답게 보인다.

이곳에서 아래 보이는 풍경을 감상하며 잠시 쉬어 가는 것도 좋다. 이곳에서 2㎞ 남짓 거리에 콜레 산타루치아 마을이 있다.

콜레 산타루치아 *Colle Santa Lucia*

코르티나 담페초에서 30㎞ 떨어진 콜레 산타루치아는 발 피오렌티나와 발 코르데볼레 *Val Cordevole*, 두 계곡 사이의 바위 언덕에 자리 잡은 아름다운 마을이다. 이탈리아 벨루노 지역에 속하는 작은 마을로 베네치아에서 북쪽으로 약 120㎞, 벨루노에서 북서쪽으로 약 40㎞ 떨어져 있다. 이탈리아 북부 지역에 위치함에도 불구하고 이 마을은 오스트리아 국경 지역인 티롤과 매우 가까워 문화적으로 이탈리아보다 오스트리아에 더 가깝고 오스트리아처럼 콜레 산타루치아도 산봉우리와 스키 리조트로 유명하다.

치베타, 펠모 및 마르몰라다와 같은 전설적인 산으로 둘러싸인 이 마을은 무엇보다도 지아우 고개로 이어지는 돌로미티 중심부의 트레킹 투어를 위한 출발점이 되는 마을이다.

마르몰라다를 방문한다면 가까이 있는 사진 명소로 유명한 작은 마을, 산타루치아를 방문할 것을 추천한다. 마르몰라다 리프트 승강장에서 콜레 산타루치아 마을은 동쪽으로 약 18㎞ 떨어져 있어, 25분 정도 소요된다.

돌로미티 지역이 대부분 그렇듯 2016년 기준으로 인구 360명에 면적은 15.3㎢의

벽면에 그린 8자 모양의 아날렘마 해시계

2010년 인천 과학고에서 근무할 시
1년간 촬영한 아날렘마 사진

작은 마을이지만, 이곳을 찾는 방문객들은 라딘 사람들의 따뜻한 환대를 받는다. 언어는 라딘어의 영향을 많이 받는 베네치아 방언인 라딘–베네치아어를 사용한다.

콜레 산타루치아 마을

마을로 진입하면 중앙에 작은 주차장이 있고 마을로 들어가는 작은 길이 보이는데 이 길을 도보로 진입하면 아기자기하고 정성스럽게 가꾼 마을을 만날 수 있다. 기대하지는 않았으나 이곳저곳 다녀보아도 버릴 풍경이 하나 없는 아름다움이 넘쳐나는 마을이다.

마을 초입 입구에 있는 건물은 벽면에 해시계가 있고 8자 모양의 아날렘마 *Analemma** 모습도 보인다.

어느 곳을 돌아보아도 마을 전체가 잘 가꾸어 놓은 것을 느낄 수 있는 예쁜 마을로 주변 경관과도 잘 어울린다. 이 마을의 기념적인 주택은 푯말과 건축 연도가

* Analemma effect: 매일 같은 시간, 같은 장소에서 태양의 사진을 촬영하였을 시에, 태양의 궤적이 위쪽 사진과 같이 8자 모양의 곡선으로 나타나는 현상을 의미한다. 그 원인은 우리가 쓰는 시간을 책정하기 위해 정한 1시간에 15° 회전하는 평균태양*mean sun*에 비해 실제 태양인 시태양*true sun*은 자전축이 23.45° 기울어진 채 지구가 공전하고 있고 그 공전궤도 또한 원이 아닌 타원이기 때문에 나타나는 균시차(진태양시 - 평균태양시)에서 비롯된다.

있는 치잘리*Chizzali*-본파디니 *Bonfadini* 집이다.

이 마을에서는 지오반니*Giovanni*의 집인 '세사 드 얀*Cesa de Jan*'으로 알려져 있으며, 많은 사람은 '카사 델레 인페이에따*Casa delle Inferriate*' 라고 부르는데, 모든 창문이 현지 철로 잘 단조된 웅장한 격자로 장식되어 있기 때문이다. 또한 입구 아치 위로 튀어나온 전형적인 티롤식 발코니인 에르커*erker*(돌출 창)와 같은 귀중한 건축학적 세부 사항도 자랑한다. 세사 드 얀은 콜레 산타루치아에서 가장 흥미로운 역사적인 건물로 치잘리 형제가 1612년에 건축했다.

마을의 고지대에 위치하여 주변 환경과 어우러져 대표적 사진 촬영 장소가 되는 곳이 콜레 산타루치아 교회이다.

피오렌티나 계곡 전체를 내려다보는 특별한 위치에 있는 콜레 산타루치아 교회는 1336년 지어졌으며 이 지역의 관습처럼 아름다운 첨탑이 있는 고딕 양식이다. 수 세기 동안 교회는 확장과 복원 작업을 거쳐 건축적 외관을 실질적인 바로크 및 로코코 스타일의 접목으로 바뀌게 되었고, 종탑은 1753년 번개로 화재가 일어난 이후 현재의 형태로 재탄생되었다.

콜레 산타루치아 교회 내부에 보존된 귀중한 작품은 로코코와 바로크 양식의 치장 벽토가 특징인 17세기 주요 제단과 성 루시아를 주제로 한 제단 등 특정한 예술 작품들이 풍부하다. 교회 주변에는 아고르디노 지역에 남아 있는 유일한 노르딕 풍습인 묘지가 있다.

다시 교회를 떠나 마을로 내려오는 길. 어디를 보아도 아름답게 관리한 중세의

콜레 산타루치아 교회 주변 모습

느낌을 받는다. 콜레 산타루치아를 나서며 다음에 만나게 될 셀바 디 카도레 마을 모습도 기대된다.

셀바 디 카도레 *Selva di Cadore*

셀바 디 카도레 마을은 콜레 산타루치아 마을과 접하고 있어 자동차로 3분이면 도착할 수 있는 가까운 마을이다. 벨루노 지방의 해발 약 1,300m에 위치한 인구 560명 정도의 작은 라딘 마을로 뒤쪽에 수직으로 뻗은 날카로운 봉우리를 가진 펠모 산기슭에 있는 매력적인 곳이다.

이 지역에는 다양한 관광 명소가 있어 여름에는 산책, 문화 및 고고학 여행 일정을 즐길 수 있다. 인근 친퀘토리, 라가주오이 지역은 제1차 세계대전 기지가 있고, 몬데발 데 소라*Mondeval de Sora*에는 국제적으로 중요성이 인정된 중석기 유적지가 있으며, 만드리츠*Mandriz*에는 신석기 유적지가 있다.

마을의 북쪽에 위치한 몬테 세르네라와 펠로 산으로 둘러싸인 이곳은 2009년 유네스코에 의해 세계자연유산으로 지정되었으며 9개의 돌로미티 시스템 중 하나이다. 돌로미티의 일몰과 함께 새벽에는 돌로미티 봉우리를 옅은 분홍색에서 불타오르는 붉은색으로 물들여 계곡 전체에 마법 같은 분위기를 만들어 내는 자연 현상인 엔로사디라*Enrosadira* 광경을 감상할 수 있다.

셀바 디 카도레의 북쪽과 동쪽에는 돌로미티 시스템 번호 1인 '펠모 크로다 다 라고'가 자리 잡고 있으며 이 산군들은 벨루노 지방 전체의 43.44㎢에 걸친 면적을 가지고 있다. 이 시스템을 구성하는 수많은 봉우리가 중 가장 유명한 봉우리는 몬테 펠모(3,168m)로 봉우리 아래로 계곡 전체를 지배하고 있다. 북쪽에는 세르네라 산(2,612m)이 바로 접하고 있고, 그 뒤쪽에는 라스토이 데 포르민(2,657m) 산과 크로다 다 라고 산이 확장된다.

셀바 디 카도레로 이동하면서 찍은 콜레 산타루치아 교회와 마을

마을 초입의 산 로렌조 마르티레 교회

셀바 디 카도레에서는 서쪽으로는 돌로미티 시스템 2번에 포함된 돌로미티의 여왕 마르몰라다 그룹을, 남쪽으로는 돌로미티 시스템 3번의 상징인 치베타 산군의 모습을 감상할 수 있다.

돌로미티의 산봉우리로 둘러싸인 마을로 산 로렌조 교회를 중심으로 아름다운 풍경을 보여 준다.
오른쪽 중앙의 높은 산이 펠모 산이다.

Chapter 3

발 가르데나 지역

SUMMARY

Val Gardena

발 가르데나

발 가르데나 지역은 북부 이탈리아 사우스 티롤의 돌로미티에 있는 계곡으로 관광, 스키, 암벽 등반 및 목각 산업으로 잘 알려진 지역으로 유네스코 세계자연유산이다.

남쪽의 사쏘 룽고*Sasso lungo* 그룹과 셀라*Sella* 그룹, 북쪽의 푸에즈*Puez*-오들레*Odle* 자연공원의 거대한 산맥 사이에 있는 계곡 마을로 오르티세이*Ortisei*, 산타 크리스티나 발 가르데나*Santa Cristina Val Gardena*, 셀바 디 발 가르데나*Selva di Val Gardena* 등이 대표 마을이다.

이곳은 다른 곳에서 받는 느낌과는 다른 독특한 자연의 웅장함이 돌로미티 최고의 자연 풍경을 자아낸다. 푸에즈-오들레 자연공원으로 둘러싸인 이 라딘 계곡은 오들레*Odle* 산군, 치르*Cir* 산군 및 셀라 그룹, 몬테 스테비아*Monte Stevia*, 푸에즈*Puez* 및 사쏘 룽고 같은 유명한 산들이 왕관 모습으로 둥글게 계곡을 둘러싸고 있다.

발 가르디나에서는 17세기부터 목각 산업이 번성했다. 19세기부터 이 지역에 조각된 조각상과 제단은 전

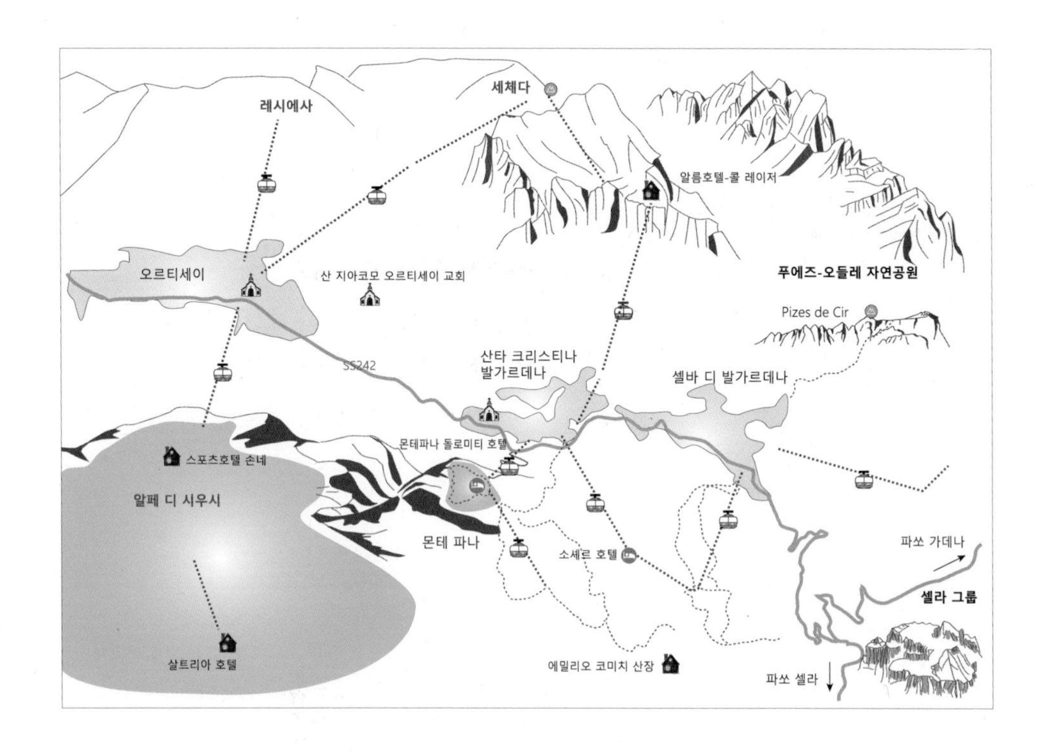

세계 가톨릭교회로 퍼져 나가기 시작하였고, 18세기에는 종교적인 조각상 외에도 목각 인형 제작이 이 계곡의 마을에서 널리 퍼져나가기 시작했다.

2013년부터 관광세 도입에 맞춰 발 가르데나 관광객을 위한 카드로 '발 가르데나 모빌 카드'가 도입되었다. 숙박하는 숙박업체의 회원 시설에서 무료로 제공받을 수 있는 이 카드 소지자는 사우스 티롤 전역에서 모든 대중교통 수단을 무료로 이용할 수 있다. 유효기간은 첫 사용일로부터 1주일이며 해당 기간 내에는 횟수 제한 없이 사용할 수 있다.

꽃이 만발한 돌로미티

발 가르데나의 자연은 계절적으로 봄에 가장 대조적인 풍경을 보여 준다. 높은 고지대의 눈 덮인 돌로미티 봉우리와 다양한 꽃으로 뒤덮인 계곡의 무성한 고산 목

치암피노이 케이블카를 타고 오르는 도중에 촬영한 셀바 디 발 가르데나 마을

초지, 게다가 새들의 지저귀는 소리와 계곡 아래로 쏟아지는 계곡의 시냇물과 폭포의 졸졸 흐르는 소리도 들리는 등 자연의 변화가 눈으로 뚜렷하게 보이는 계절이다. 5월이 되면 낮이 점점 길어지고 기온도 오르고 날씨는 매우 변덕스럽다. 비록 꽃이 피기 시작하지만, 눈은 여전히 구석구석에 숨어 있다. 발 가르데나에서는 돌로미티의 가장 아름다운 모습을 경험할 수 있다. 매 시즌 산간 초원에 5월 중순부터 7월 중순까지 다양한 야생화로 물들이는 특별한 마법이 펼쳐지는데, 멋진 알파인 식물의 독특한 사진을 촬영하게 하는 모티브가 된다.

고산 초원에 새싹이 서서히 열리고 다양한 꽃들이 피어날 때, 그 독특한 향기에 벌들이 모여들 뿐만 아니라 돌로미티의 다채로운 초원을 하이킹하며 자연의 생동감을 경험하기 위해서 사람들이 모여든다. 아름다운 산의 풍경을 배경으로 초원을 걸으며 자연을 느껴볼 수 있는 곳이다.

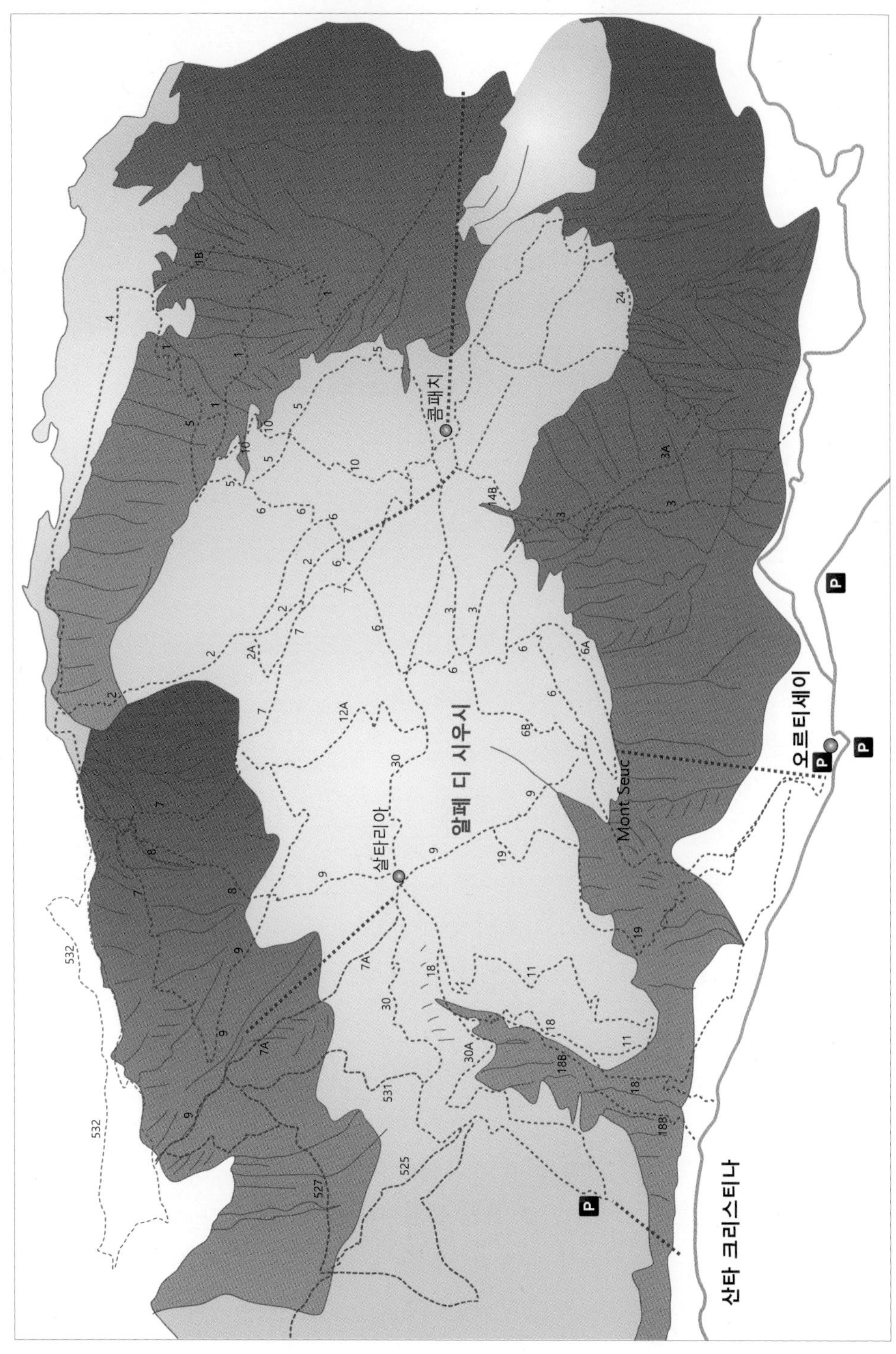

발 가르데나 지역

가르데나 성 *Castel Gardena*

가르데나 성 (출처 https://www.south-tirol.com/)

가르데나 성 *Castel Gardena*은 산타 크리스티나와 셀바 디 발 가르데나 사이에 있다. 1622년에서 1641년 사이에 엥겔하르트 디트리히 폰 볼켄슈타인-트로스트부르크 백작이 지었으며, 오랫동안 볼켄슈타인의 법정으로 사용되었다. 이 르네상스 스타일의 여름 별장이자 사냥을 위한 별장은 웅장함으로 눈을 즐겁게 해준다. 개인 소유의 성이라 방문할 수는 없지만 건물의 아름다운 외부 전망은 감상할 수 있다. 여름에는 발 가르데나 음악 행사를 맞아 성의 멋진 정원에서 가끔 콘서트가 열리기도 한다.

또한 몬테 파나 *Monte Pana*에 있는 구형 적도 해시계도 방문해 보자.

셀바 디 발 가르데나 *Selva di Val Gardena*

셀바 디 발 가르데나의 인구는 2,600여 명 정도로 발 가르데나 지역에 속하는 작은 마을이다. 알페 디 시우시나 세체다에 방문할 때는 주로 오르티세이와 셀바에 거점 숙소를 잡는데, 셀바는 오르티세이 지역보다 숙박비가 저렴하여 더 경제적인 곳이다.

도시의 중심가에는 제법 복잡하게 상권이 형성되어 있다.

그림처럼 아름다운 셀바 마을은 마치 하늘을 떠받치고 있는 것처럼 보이는 고원 모양의 대 산군인 셀라 그룹의 바로 아래에 위치해 있다. 셀바 디 발 가르데나에서는 도시적인 면모와 전원생활이 만나 대조되는 모습이 조화를 이루며 매년 수많은 방문객을 발 가르데나 계곡으로 끌어들이고 있다. 스포츠를 즐기며 휴식을 취하고,

셀바 디 발 가르데나 전경

초원과 조경된 길에 적응하며 걷는 첫 순간부터 완벽한 인프라가 우리를 매료시킬 준비가 된 곳이다.

경이로운 자연 속에 있는 꿈의 장소

매혹적인 풍경의 중심에 있는 셀바 디 발 가르데나는 유네스코 세계문화유산인 돌로미티 산맥으로 둘러싸인 아름다운 계곡에 있는 마을이다. 돌로미티 중심부의 그림처럼 아름다운 위치 덕분에 셀바는 스포츠를 즐기고자 원하는 휴가객들에게 인기 있는 목적지이다. 관광은 셀바의 주요 경제의 한 부분으로 수많은 호텔, 게스트하우스, 레스토랑, 스키 학교가 마을에 자리 잡고 있다.

셀바는 스키장으로 유명한 셀라론다*Sellaronda*로 가는 중간에 위치하여 겨울철 사쏘 룽고의 경사면에서 스키를 타는 관광객들이 많이 방문하는 곳이다.

치암피노이 *Ciampinoi*

- 치암피노이 케이블카
- 운행 시간: 08:30~17:00
- 가격: (왕복) 성인 26유로, (왕복) 어린이 17유로

정상의 치암피노이 산장

사쏘 룽고 아래에 있는 2,260m 높이의 치암피노이 정상은 산타 크리스티나, 오르티세이, 셀바 등 세 개의 발 가르데나 마을을 내려다볼 수 있는 곳이다. 케이블카 승강장은 셀바 디 발 가르데나 마을 중심부에 위치하고 있다. 케이블카를 타고 마운틴 역 정상에 도달하면 세계적으로 유명한 슬로프인 사스롱*Saslong*의 출발점을 만나게 된다. 이곳은 매년 두 개의 스키 월드컵 경기가 열린다. 치암피노이의 사스롱 슬로프는 발 가르데나 전체에서 가장 유명하고 인기 있는 슬로프 중 하나로, 1970년에 여성 및 남성 세계선수권대회를 개최한 곳이다.

정상에서는 사쏘 룽고*Sasso Lungo*, 사쏘 피아토*Sasso piatto*, 셀라 그룹, 치르 산괴를 포함한 주변 산들의 멋진 전망을 감상할 수 있다. 산 정상은 산악자전거 타기, 트레킹, 겨울철 스키를 즐기기에도 매우 좋은 곳이다.

치암피노이는 사쏘 룽고 주변을 여행하기 위한 이상적인 출발점이며, 셀라 고개를 탐험하기 위해 몇 시간을 투자하기에 좋은 곳일 뿐만 아니라, 가족 친화적인 장소로 완벽한 곳이다. 치암피노이에서 불과 몇 분 거리에 코미치*Comici*, 발롱기아

치암피노이 정상에서 서북쪽을 바라본 풍경. 우측 끝에 세체다 정상이 보인다.

Vallongia, 치아디나트*Ciadinat* 등 유명한 산장이 있어 어린이 놀이터를 즐기고 맛있는 요리를 맛볼 수 있다.

비아 다우나이 *Via daunei*

비아 다우나이는 셀바 디 발 가르데나 마을과 사쏘 룽고 그룹, 셀라 대 산군의 환상적인 전망을 감상할 수 있는 좋은 전망을 갖춘 곳이다. 발 가르데나 계곡을 감상할 수 있는 이곳은 위로 올라가 바로 연결되는 세체다*Seceda*까지 트레킹을 할 수 있는 시작점이 되기도 한다.

다우나이 목초지

주차장이 준비되어 있으며 30분마다 0.5유로, 일일 요금은 8유로이다. 캠핑카로 밤새워 주차하는 것은 불가능하다. 가는 길 중앙에는 세체다 산군과 우측에 푸에즈-오들레 산군의 일부가 절경을 이루며 목초지와 어울리는 아름다운 풍경을 볼 수 있다.

산타 크리스티나 마을 *Santa Cristina Valgardena*

'사쏘 룽고 기슭의 햇살 가득한 마을!'

발 가르데나에 있는 햇살 가득한 산타 크리스티나 마을에 관해서는 이와 유사한 설명이 자주 언급된다. 꽃이 가득한 초원과 기괴한 암석으로 둘러싸인 이 아름다운 마을은 환대와 전통의 기쁨이 진정으로 매력적인 조합으로 어우러지는 곳이다.

산타 크리스티나에는 2,000명 미만의 주민이 살고 있으며 이들 중 대부분은 관광업에 종사하고 있다. 이 그림 같은 마을은 휴가를 보내기 위한 등산객, 자전거 타는 사람, 겨울에는 스키를 즐기는 사람들이 많이 찾는다.

산타 크리스티나 발 가르데나 지역의 산타 크리스티나 교회

교통이 제한되어 걷기에 좋은 곳으로 시내 중심가의 거리를 산책하고 그 지역을 대표하는 우아한 건물 사이로 걸어 보는 것은 정말 가치 있는 일이다. 산책을 통해 산타 크리스티나 교구 교회를 방문해 보는 것도 좋다. 교회에는 이 지역의 유명한 조각가들의 예술 작품이 전시되어 있다.

산타 크리스티나 교회 *Chiesa di Santa Cristina*

산타 크리스티나에게 헌정된 이 교회는 이미 12세기부터 예배당이 있었다. 1342년 교황 칙서에 언급된 로마네스크 양식의 당시의 교회 건물 중 종탑만 오늘날까지 남아 있으며, 종탑의 지붕은 새로 복원하였다. 수많은 개조 작업으로 인해 로마네스크 양식의 유적은 거의 남아 있지 않다. 사제관은 고딕 양식이고, 다른 부분들은

지난 몇 세기 동안 추가되고 확장되었는데, 16세기에 만들어진 다각형 납골당이 대표적이다.

교회는 동, 서, 남쪽 세 개의 문을 통해 접근할 수 있다. 돌다리를 건너 접근할 수 있는 서쪽의 중앙 문을 통해 들어서면 교회의 뒷모습을 바라보게 된다.

내부에는 예술 작품을 사랑하는 사람들을 위한 다양한 볼거리가 있는데 비나제르 *Vinazer* 조각가 가족이 1690년에 만든 제단이 있으며, 제단에는 발 가르데나에서 가장 오래된 조각가인 크리스티안 트레빙거 *Christian Trebinger* 가 만든 사도 베드로와 바울 조각상이 표현되어 있다.

그 밖에도 요한 도미니크 말크네흐트 *Johann Dominik Mahlknecht* 의 청동상과 호세프 아놀드 데르 엘터 *Josef Arnold der Áltere*(1788~1879)의 〈그리스도와 성 마틴의 침례〉라는 그림이 있는 곳이다.

오르티세이 *Ortisei*

발 가르데나 중심부에 위치하고 있는 고도 1,236m의 오르티세이 마을은 수많은 산으로 둘러싸여 있어 여행과 스키 투어를 위한 이상적인 출발점이 된다. 오르티세이를 감싸고 있는 세체다 산봉우리와 레시에사 언덕은 장엄한 파노라마 장면을 연출하는 인상적인 장면 중 일부에 불과하다.

이미 17세기에 발 가르데나 주민인 오티세이아네 *Ortiseiane* 가문은 나무 조각에 전념하여 성경을 주제로 한 조각품, 성인 조각상 및 제단을 만들 정도로 교회와 특별한 관계를 맺고 있었다. 오늘날까지도 발 가르데나 지역의 목제 조각품은 국제적으로도 매력을 갖고 있다. 특히 미국에서는 오르티세이 목각가들의 작품의 독창성과 예술적 가치를 높게 평가하고 있다.

19세기 후반부터 산악인들이 돌로미티의 아름다움을 발견하고 산행의 출발점으로 오르티세이를 찾기 시작하며 마을은 점점 확장되었다. 1970년 알파인 스키 세계선수권대회가 열린 것을 시작으로 오늘날 이곳은 겨울 스포츠 애호가를 위한 엘도라도가 되었다. 겨울 스포츠 시즌이 끝나면 푸른 초원을 탐방하려는 등산객, 산악자전거 애호가들이 찾기 시작하며 연중 방문객으로 넘치는 곳이 되었다.

오르티세이의 도시 풍경은 전통적인 호텔과 매력적인 세기 전환기 주거용 건물로 가득 차 있다. 19세기 이래로 관광은 이 나라의 가장 중요한 산업이었다. 많은 사람이 돌로미티에서 가장 아름다운 곳으로 꼽는 도보 구역은 오르티세이의 성 울리코*Saint Ulrico*를 기리는 교구 교회와 성 안토니오*Saint Antonio* 교회까지의 거리로 이곳은 아름다운 쇼핑 거리이기도 하다. 이곳을 찾는 방문객들은 귀여운 부티크에서 쇼핑하거나 마을의 많은 카페 중 한 곳에서 구운 수제 케이크 조각을 즐길 수도 있다.

18세기에 지어진 울리코 교회*Sant' Ulrico*는 처음 지어졌을 때는 본당 하나뿐이었다. 19세기 후반에는 발 가르데나의 예술적 장인정신이 번성하고 발 가르데나에서 관광이 시작되면서 인구가 증가하기 시작하였다. 이후 교회는 1905년부터 1907년까지 두 개의 새로운 측면 예배당인 왼쪽의 로사리 예배당과 오른쪽의 성심 예배당이 증축되었다.

이 교회 건물은 후기 바로크 시대의 가치가 남아 있는 기념물이며, 검붉은 구근 모양의 지붕 덕분에 더욱 두드러지게 보인다. 넓은 건물은 예술가 루드비히 모로더 달 무에네*Ludwig Moroder dl Mëune*의 장엄한 〈성 울리히 동상〉, 조세프 모로더*Josef Moroder*-루젠베르그*Lusenberg*의 제대 그림인 〈왕들의 경배〉와 같은 수많은 그림과 인물로 풍부하게 장식되어 있다. 루돌프 모로더*Rudolf Moroder*-레네르트*Lenert*의 〈거지와 함께 있는 성 엘리자베스〉의 그림이 있는데, 이 작품으로 작가는 1900년 파리 세계 전시회에서 금메달을 수상했다. 조각된 벤치는 매우 아름다우며 발 가르데나 조각 예술의 훌륭한 예를 보여 준다.

발 가르데나의 역사, 자연, 문화에 대해 더 자세히 알고 싶다면 오르티세이 라딘 박물관을 방문하여 이 지역의 독특한 예술품과 자연 보물 컬렉션을 찾아볼 수 있다. 박물관은 비 오는 날의 실내 행사 대체 프로그램이 아니라도 방문할 가치가 있는 곳이다.

오르티세이 마을과 레시에사 언덕으로 올라가는 산악열차 궤도 – 산 우측의 정상부

돌로미티는 날씨 변화가 심하다. 맑은 날이었다가 갑자기 돌풍 경보와 함께 커다란 우박이 떨어졌다.
사진 배경은 울리코 교회

세인트 자코모(성 야곱) 교회 트레킹

- 이동 거리: 3㎞
- 소요 시간: 편도 1시간
- 난이도: 하
- 차로도 올라갈 수 있으나 주차하기가 마땅치 않다.

하이킹은 울리코 교회에서 시작하여 마을에서 작은 교회까지 이어지는 길을 따라 오르막길로 올라간다.

울리치 교회에서 약간 오르막길인 도로를 따라 300m 정도 걷는다. 가던 길을 직진해서 가면 빠르긴 하지만 도로를 따라가는 길이라 단조롭다. 대화의 길 *Via del Dialogh* 푯말을 보고 콜 드 플람 *Col de Flam* 방향으로 작은길인 6번 경로로 걷기 시작한다. 이곳은 완만한 경사 공원으로, 많은 예술 작품과 성찰할 만한 인용구가 새겨져 있어 명상하며 걷기 좋다.

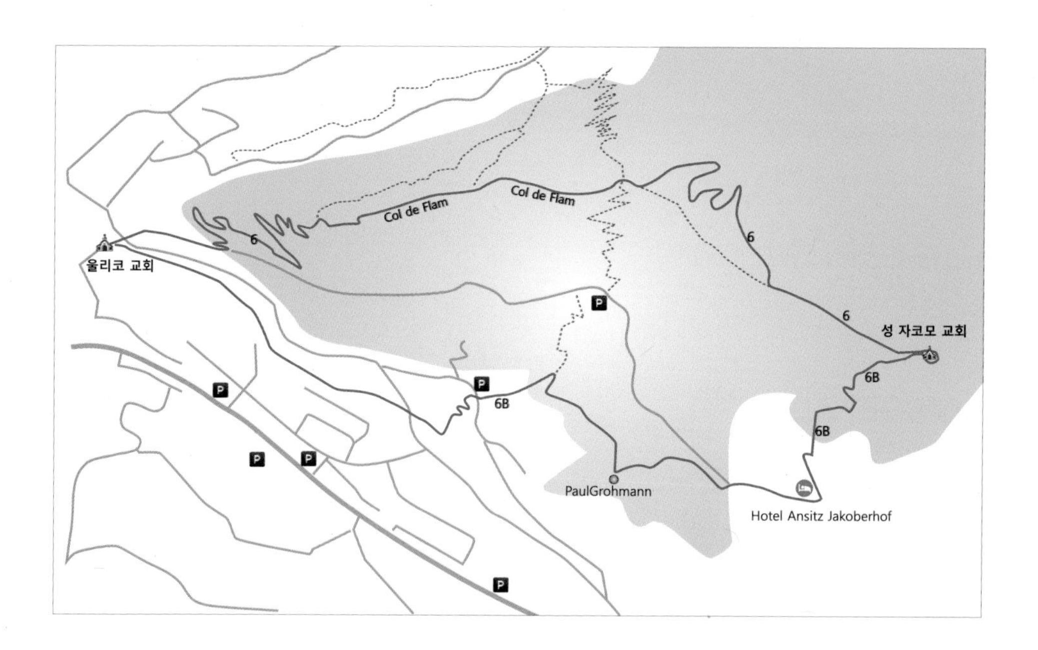

대화의 길 (출처 https://www.val-gardena.com/)

이 산책로는 넓고 매우 쉬운 길을 따라 숲으로 이어지며, 초보자에게도 적합하다. 대화의 길을 걷다 보면 울타리 너머에 어린이들이 자주 찾는 어드벤처 공원인 콜 데 플람 *Col de Flam* 놀이공원이 보인다. 숲길은 완전히 그늘이 져서 시원하고 쾌적하다.

약 1시간 동안 야트막한 오르막길을 걸으면 세인트 자코모 교회 *Saint Giacomo* 에 도착한다. 세인트 자코모 교회에 도착하면 내부와 작은 안뜰을 방문하는 것이 좋다.

세인트 자코모 교회에서 위로 50m를 걸어 올라가면 벤치에 도착하게 되는데, 이 벤치에서 발 가르데나의 가장 매혹적인 장면인 사쏘 룽고와 사쏘 피아토가 보이는 숲 위로 우뚝 솟은 세인트 자코모 교회 모습을 사진으로 멋지게 담아낼 수 있다. 교회 왼쪽에서 세인트 자코모 마을까지 이어지는 6번 산책로를 따라갈 수 있으며, 그곳에서 버스를 타고 오르티세이 시내로 돌아갈 수도 있다.

돌아올 때는 같은 길을 따라 돌아올 수도 있고, 오르티세이 방향으로 내려갔다가 그로만 *Grohmann* 기념물을 거쳐 루이스 트렌커 *Luis Trenker* 6B 트레일을 따라 돌아올 수도 있다.

세인트 자코모 교회(성 야곱 교회)

세인트 자코모 교회는 발 가르데나 계곡에서 가장 오래된 교회로 1181년에 지어졌으며, 산책자와 순례자의 수호성인인 성 야곱에게 봉헌되었다. 교회 내부는 나무로 조각되어 아름다운 디테일로 장식한 높은 설교 제단, 그리고 예술적으로 조각된 인물조각상이 있다. 외부에 있는 프레스코화는 이 교회를 돌로미티에서 가장 감동적이고 가장 잘 보존된 장소 중 하나로 만든다. 현재의 건물은 화재로 15세기에 다시 지어졌다.

세인트 자코모 교회로 가는 길은 오르티세이 마을 중심에서 쉽게 접근할 수 있는 인상적인 길로 발 가르데나에서 가장 아름다운 랜드마크 중 하나인 세체다로 이어진다.

가는 길에는 오르티세이 시내가 내려다보이고, 도착하여 교회에서 바라보면 사쏘 룽고의 정면을 바라볼 수 있는 뷰포인트가 된다.

발 가르데나의 별. 2019.
(Nikon D850 / Focal length f2.8 / ISO 2,000 / 14mm / Sutter speed 30s)

SUMMARY

Vallunga

발룬가 계곡

가는길

- 셀바 디 발 가르데나 마을 중심부에서 불과 2㎞ 거리에 있어 자동차로 5분이면 도착한다. 도보로 30분 정도 소요된다.
- 오르티세이에서는 10㎞, 자동차로 17분이면 도착한다.

주차

- 공간: 140여 대
- 비용: 시간당 1유로(하루 최대 8유로)
  17시 이후는 무료

발룬가는 유네스코 세계자연유산인 돌로미티 일부이며, 약 1만 722㏊의 면적을 차지하는 푸에즈-오들레 자연공원의 중심부에 있다. 이 자연공원은 북쪽으로는 파쏘 에르베*Passo Erbe*까지, 남쪽으로는 파쏘 가르데나*Passo Gardena*까지 뻗어 있다. 동쪽으로는 발 바디아*Val Badia*(캄필*Kampill*, 운테르모이*Untermoj*)에 이르고, 서쪽으로는 발 디 푸네스와 발 가르데나에 이른다. 이 계곡은 여름과 겨울에 관광객을 매료시키는 바위산 절벽 사이에 자리 잡고 있다.

발룬가 트레킹의 초입부 전경

발룬가는 유럽 전역의 보호구역 네트워크인 네츄라*Natura* 2000에 가입되어 있는데, 이 네트워크는 주로 서식지와 야생 동식물을 보호하는 것을 목표로 한다.

겨울에는 수 킬로미터에 걸쳐 펼쳐진 이 계곡에서 스노우슈잉*snowshoeing*과 하이킹하기에 좋으며 크로스컨트리 스키어에게는 꿈이 현실이 되는 곳이다. 독특한 산봉우리에 잠긴 환상적인 파노라마 풍경이 모두를 매료시킨다.

여름에는 신선한 샘과 순수하고 맑은 산의 공기가 하이킹하는 내내 함께해 독특한 휴가를 즐기게 한다. 자전거를 타는 사람들과 등산가 모두에게 비용을 지불할 만한 가치가 있는 곳이다. 수많은 하이킹 코스가 있는 발룬가는 모든 연령대의 하이커에게 이상적인 출발점이 되는 곳이다.

스타지오날레 호수

스타지오날레 호수 *Lago di stagionale*

셀바 디 발 가르데나 근처의 발룬가에서는 자연이 최고로 신비감을 더한다. 일시적으로 생성된 자연 호수인 스타지오날레에서는 눈이 녹은 비취색 호수의 물이 아침 햇살을 받아 옥색 보석처럼 반짝인다.

이 호수는 언제나 볼 수 있는 호수가 아니고 순식간에 생겼다가 순식간에 사라진다. 눈이 녹아 갑자기 생성된 호수는 단지 2주 정도만 지속되며, 갑자기 나타난 것처럼 빠르게 토양 속으로 다시 사라지기 때문에 시기를 잘 맞추어야 하고 운도 따라야 한다.

- 이동 거리: 편도 3.2㎞
- 소요 시간: 편도 1시간 30분
- 고도차: 200m
- 난이도: 하

발룬가 트레킹은 어린아이들이나 노년층과 함께 할 수 있는 가장 쉬운 코스이다. 목적지인 계곡 안쪽에 있는 오두막까지 도보로 약 1시간 15분 정도 소요된다. 가파른 바위 면이 자연스럽게 왼쪽과 오른쪽 계곡과 접해 있어 길을 찾기 쉽다.

정확한 산행코스는 동행인들의 관심과 체력에 따라 달라질 수 있다. 하이킹이 시작되는 처음 지점에서 경로가 갈라지는데 왼쪽 길은 적당한 경사가 있는 숲을 향해 가는 길이고, 오른쪽 길은 성 실베스터 교회*St. Sylvester's Chapel*를 지나는 길이다.

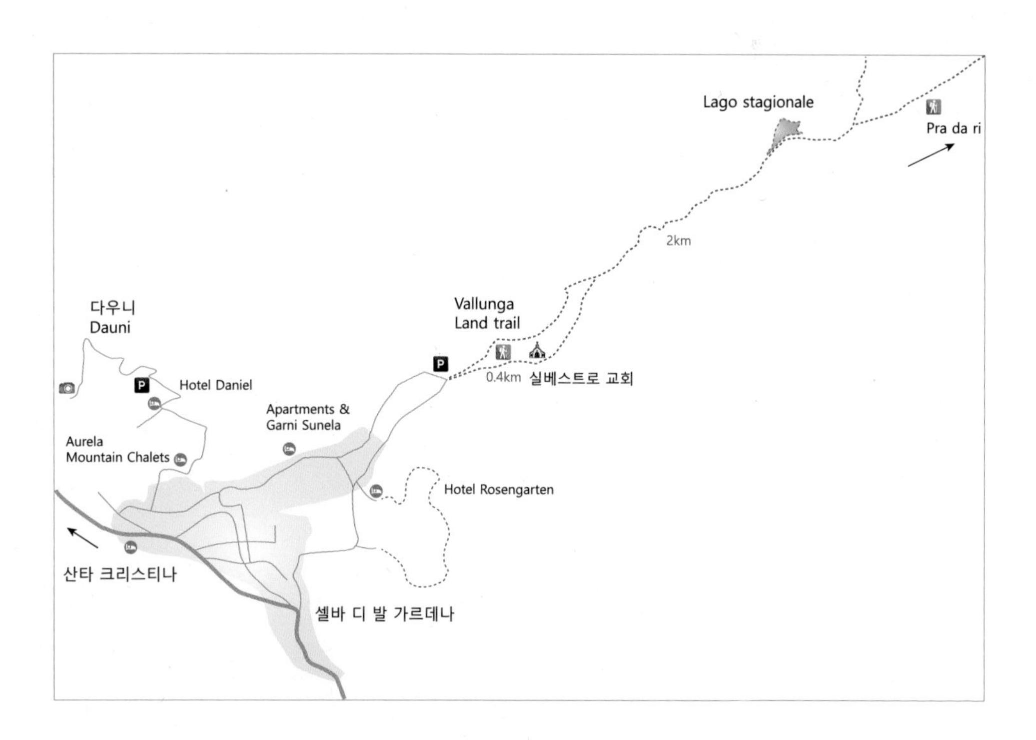

성 실베스터 교회

실베스터 교회는 잠시 기도를 위해 멈추거나 건물의 마지막 복원 과정에서 발견된 수백 년 된 프레스코화를 감상하며 쉬어가기에 이상적인 장소이다.

예배당 옆에는 아름답게 디자인된 분수대에서 신선한 샘물을 병에 담아 마실 수 있고, 가족들은 푸에즈 고원의 봉우리를 바라보며 명확하게 표시된 길을 따라 걸을 수 있다.

이어지는 길은 그림 같은 숲을 지나 공터를 가로질러 이어진다. 경사는 완만하며 누구나 올라갈 수 있는 매우 짧고 가파른 경사면만 있다. 길을 따라가 가끔 짧은 휴식을 위해 설치된 벤치를 발견하면 쉬어가면 된다. 도중에 쉬어갈 수 있는 산장이나 다른 장소는 없지만 자연의 평화로움과 고요함을 느끼며 걷는 길이다.

길은 마침내 바위 들판을 지나고, 짧고 힘든 길을 지나 소들이 평화롭게 풀을 뜯고 있는 거대한 산 초원인 해발 1,800m의 '프라 다 리*Pra da Ri*'로 이어진다. 거대한 바위는 일광욕을 즐기기에 이상적이며, 어린아이들은 초원을 뛰어다니고 작은 바위를 기어오르기도 한다. 이곳의 땅은 약간 늪지대로 봄철 얼음이 녹아 일시적으로 호수가 되기도 한다.

계속 길을 따라가면 푸에즈-오들레 자연공원에 도달하게 되는데 프라 다 리에서 되돌아가는 것도 이상적인 일정이다.

발룬가 하이킹은 '프라 다 리', 즉 '미소 짓는 초원'이라는 뜻을

한적한 평화로움을 주는 발룬가 계곡

가진 꽃이 만발한 초원이 있는 계곡을 지나게 된다. 숨 막히는 아름다움과 사람의 손길이 닿지 않은 신비로운 자연 속 7㎞를 걷는 동안 꽃향기와 새소리가 함께하며 대기 빛과 함께 이끼로 뒤덮인 밝은 숲 풍경을 감상할 수 있는 곳이다.

발룬가의 별. 2019.
(Nikon D850 / Aperture f2.8 / ISO 2,500 / Focal length 14mm / Sutter speed 30s)

Monte Pana

몬테 파나

가는길

- 산타 크리스티나 마을에서 2㎞ 거리로, 6개의 헤어핀 도로가 있어 자동차로 10분 정도 소요되며 길이 좁아 운전에 주의해야 한다.
- 산타 크리스티나에서 체어리프트를 타고 오르면 쉽게 도착한다.

리프트 운행 정보

- 기간: 6월 8일~9월 24일(하절기), 08:30~17:00 / 17:30 (기간에 따라 다름)
- 비용: (왕복) 성인 18유로, (왕복) 어린이 13유로
- 고도(고도차): 1,500~1,740㎙(240㎙)
- 소요 시간: 8분

주차

- 몬테 파나 고원 지대에 도착하면 주차 공간이 많다.
- 비용: 시간당 1유로(하루 최대 5유로) 13시 이후부터는 무료

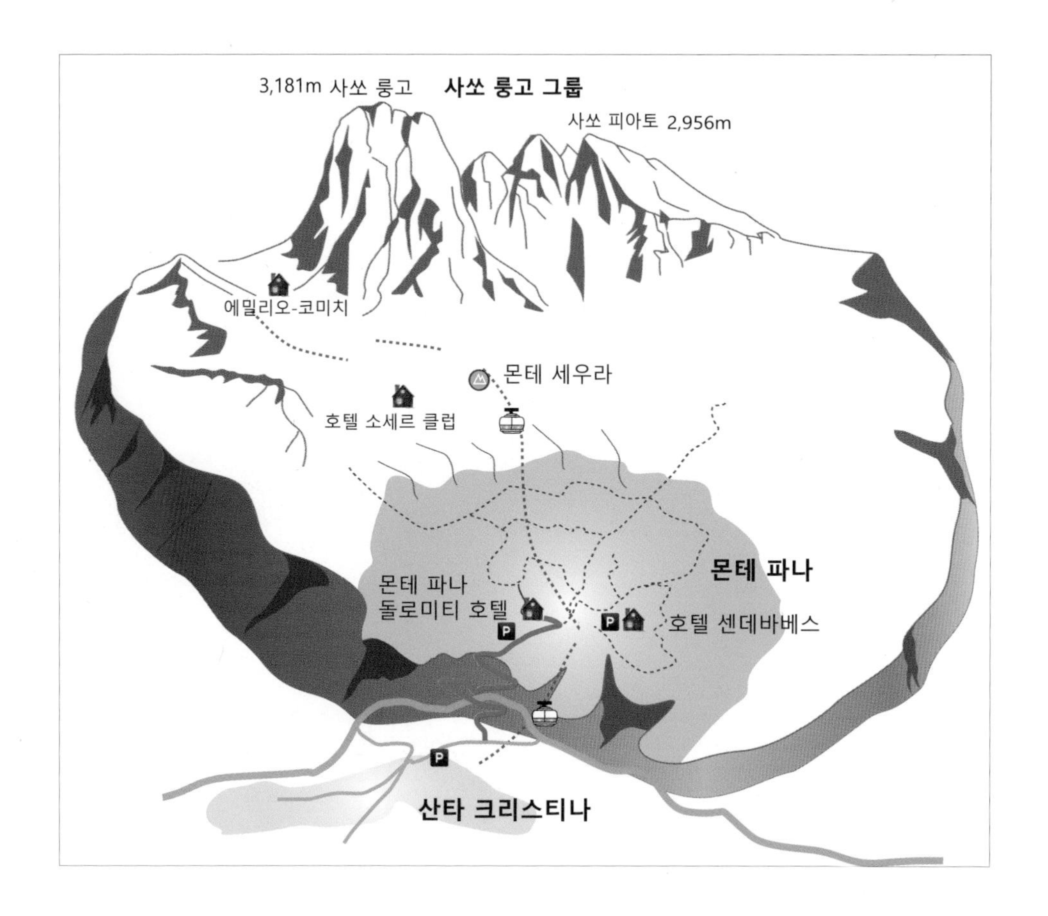

몬테 파나 고원의 중심 도시는 산타 크리스티나로 이곳에서 자동차나 체어리프트로 쉽게 오를 수 있다. 도로를 이용할 때는 굴곡이 심한 도로를 약 2km 정도 올라가야 도착한다. 도로 폭도 좁아서 초보 운전자는 주의를 기울여야 하는 어려운 길이다.

산타 크리스티나는 발 가르데나 계곡에 있는 마을이지만, 마을 자체가 해발고도 1,500m의 고지대이고 이곳에서 240m의 고도를 올라야 몬테 파나에 도달한다. 체어리프트는 2인승으로 처음에는 가파른 경사를 오르다 완만히 올라가는데, 느린 속도로 인해 실제 거리보다 멀게 느껴진다.

몬테 파나 고원*Monte Pana High Plateau* 또는 파나 알프*Pana Alp*라고도 불리는 몬테 파나는 산타 크리스티나와 알페 디 시우시 동쪽 가장자리 사이에 위치하는 고원 지역

이다. 몬테 파나는 유명한 월드컵 스키 슬로프인 사슬롱*Saslong*과 접해 있으며, 이곳에서 보이는 전망은 동쪽의 셀라 그룹에서 남쪽의 사쏘 룽고 그룹까지 펼쳐져 있다.

몬테 파나는 사쏘 룽고 그룹이 남동쪽 기슭 바로 앞에 있어서 푸른 초원과 사쏘 룽고의 멋진 풍경을 보여 주는 곳이며, 사쏘 룽고까지 오르는 다양한 코스가 많은 곳이다.

우측의 잔디 부분이 사슬롱 스키 슬로프이다.

몬테 파나 고원에서는 수많은 하이킹 투어가 시작되며, 몬테 파나를 한 바퀴 걷

몬테 세우라에서 리프트를 타고 내려오면서 보는 몬테 파나 고원. 전면의 호텔이 몬테 파나 돌로미티 호텔이다.

는 길도 제법 멋진 길이다.

몬테 파나 돌로미티 호텔 전면의 초원에는 1936년 프란츠 바우만*Franz Baumann*이 건축한 산악*mountain* 예배당인 몬테 파나 카펠라*Monte Pana-Cappella*가 있는데, 교회 입구에는 세인트버나드를 상징하는 대형 벽화가 있다. 이 교회는 몬테 파나 돌로미티 호텔에서 사쏘 룽고 쪽으로 300m 떨어진 탁 트인 환경에 자리 잡고 있어 여유롭고 평안한 풍경을 보여 준다.

몬테 파나 고원은 겨울에는 크로스컨트리 스키의 명소로 2006년 스키 점프대를 오픈했고, 2007년에는 30㎞ 트랙을 갖춘 산타 크리스티나 크로스컨트리 스키센터가 문을 열었다.

이 지역을 산책하다 보면 흥미로운 것을 발견할 수 있는데 바로 사이먼 모로더*Simon Moroder*가 만든 해시계이다. 오르티세이 시내에서 차로 약 15분 정도면 도달할 수 있는 몬테 파나에 있는 작은 놀이터는 주차가 무료이고 주변의 전망이 멋있고 넓어 아이들이 놀기도 좋아서 가족끼리 가볼 만한 안전한 놀이터이다. 이곳에서는 말타기 체험도 할 수 있는데, 말의 종류와 상관없이 가격은 9유로이다.

몬테 파나의 해시계

몬테 세우라의 야생화인 범꼬리가 산 능선을 뒤덮고 있다.

몬테 파나에서 몬테 세우라*Monte Seura*까지 리프트를 타면 단번에 1,626m에서 2,042m까지 오르게 된다. 몬테 세우라 정상에서는 드넓게 범꼬리 야생화가 피어 온 땅을 뒤덮고 있다. 이곳에서는 사쏘룽고로 이어지는 다양한 코스가 있어 많은 이들이 찾고 있다.

사쏘 룽고 사이에 떠오른 몬테 파나의 은하수. 2023.
(Nikon Z7II / Aperture f2.8 / ISO 2,500 / Focal length 14mm / Sutter speed 30s)

Alpe di Siusi

알페 디 시우시

가는길

- ①시우시 또는 오르티세이에서 케이블카로 이동
  ②시우시 또는 카스텔로토에서 버스로 이동
  ③오전 9시 이전 또는 오후 5시 이후에 자동차로 이동
- 시우시 마을에서는 자이저 알름 반 곤돌라를 타고 콤파치오로 이동
- 오르티세이에서 접근성이 좋으므로 오르티세이 근교에 숙박 장소를 정하고 세체다, 알페 디 시우시, 발 가르데나 계곡 등을 함께 관광하는 것이 좋다.

리프트 운행 정보

- 코스: 오르티세이~알페 디 시우시 케이블카
- 기간: 5월 11일~11월 3일
- 시간: (6월 9일~10월 13일) 08:30~18:00, 08:30~17:00(동절기)
- 비용: (왕복)성인 31유로, 청소년 21.7유로 (편도)성인 20유로, 청소년 14유로
- 고도차: 1,000~1,800m
- 소요 시간: 8분

주차

- 오르티세이 케이블카 승강장 지하에 240여 대의 주차 공간을 갖춘 주차장이 있다. 오전 9시 30분경이면 만차가 되니 하절기

에는 서두르는 것이 좋다.

- 비용: 시간당 1.5유로(하루 최대 15유로)
- 알페 디 시우시의 콤파치오 마을에 주차. 시간과 관계없이 1회 24유로
- 곤돌라 탑승역인 시우시 알로 실리아르 탑승장 옆에 무료 주차장이 있다.

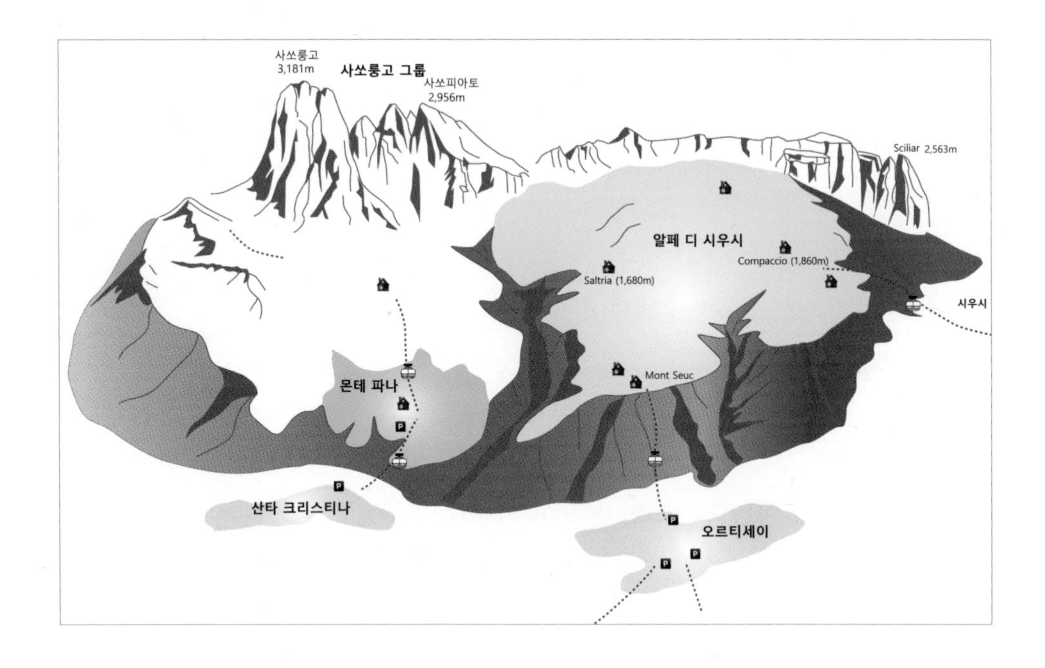

알페 디 시우시는 면적이 56㎢로 유럽에서 가장 큰 고원이자 세계에서 아름다운 장소 중 하나이다. 해발 1,680m에서 해발 2,350m 고도로 북쪽의 발 가르데나, 북동쪽으로는 돌로미티의 대표적 명소 중 하나인 사쏘 룽고 그룹, 그리고 셀라 그룹, 세체다, 카티나치오-로젠카르텐 그룹, 남동쪽에는 실리아르*Sciliar* 대산괴를 포함한 여러 다른 산맥들이 병풍처럼 둘러싸고 있다. 알페 디 시우시의 초원지대는 돌

로미티를 대표하는 거대 산맥 사이에서도 랜드마크 같은 곳이기 때문에 반드시 방문해야 한다.

북부 돌로미티산맥에 속한 해발 2,000m의 알페 디 시우시는 무려 축구장 8,000개 크기에 이르는 광활한 대초원이다. 지역의 광대함을 생각할 때 이곳에서는 셀라 그룹, 카티나치오 그룹, 마르몰라다 그룹 등 수많은 산악 그룹을 감상할 수 있다. 이 거대한 초원지대는 5월 중순부터 서서히 야생화의 천국으로 바뀌기 시작한다. 야생화가 가장 만발하는 시기는 6월 중순부터 7월 중순까지의 약 한 달이다. 따사로운 햇살과 부드러운 바람 속에 아름다운 야생화가 지천으로 피어있는 푸른 초원을 천천히 걸으며 자연이 주는 평화, 고요 그리고 아름다움으로 지친 몸과 마음을 치유할 수 있는 그런 곳이다.

여름이면 나무, 건초, 오두막이 여기저기 흩어져 있는 녹색 파도가 굽이치는 바다처럼 보인다. 겨울에는 눈이 고원을 덮어 전형적인 겨울 원더랜드로 변모시킨다.

알페 디 시우시의 유래

알페 디 시우시는 돌로미티의 다른 지역과 마찬가지로 약 2억 5천만 년 전에는 해수면 아래에 퇴적된 산호초 지역이었지만, 지금은 유럽에서 가장 고지대에 있는 초원지대가 되었다. 중세 이전에는 커다란 나무들로 가득한 지역이었지만, 중세 때부터 초원지대가 생성되기 시작했다. 19세기부터 알페 디 시우시라 불리기 시작했고 '유럽에서 가장 아름다운 고산 야생화의 천국'이라는 명성을 얻게 되었다. 언제 가더라도 아름다운 곳이지만 알프스 야생화 시즌에는 눈이 호강하는 천국 그 자체이다.

독일어로 '자이저 알름*Seiser Alm*', 라딘어로는 '몽 세우크*Mont Sëuc*'라 불린다. 오르티세이에서 알페 디 시우시로 올라가는 곤돌라 외벽에는 '몽 세우크'라 쓰여 있고 곤돌라가 도착하는 역에 있는 식당 이름도 몽 세우크이다.

알페 디 시우시 트레킹

알페 디 시우시 트레킹 코스는 광활한 면적만큼 셀 수 없을 만큼 다양하다. 자신의 시간과 체력에 맞게 선택하여 걷는 것이 좋다.

- 코스: 오르티세이(케이블카) ▸ 몽 세우크 ▸ 스포츠호텔 손네 ▸ 살타리아 ▸ 윌리엄스 산장(리프트) ◂ 살타리아(버스) ◂ 콤파치오(리프트) ◂ 파노라마 산장 ▸ 에델바이스 산장 ▸ 리치호텔(버스) ▸ 스포츠호텔 손네 ▸ 몽 세우크
- 리치호텔 앞에서 운행하는 버스가 없을 경우 몽 세우크까지 걸어가야 한다.

많은 사람이 돌로미티에서 감동한 세 손가락 안에 드는 장소를 열거하면 일반적으로 트레 치메, 세체다, 알페 디 시우시이다. 이 중 푸른 초원을 걷는 것이 알페 디 시우시 트레킹이다.

알페 디 시우시는 해발 2,000m에 있는 유럽에서 가장 넓은 고원 지역이다. 56㎢에 달하는 평원은 축구장 8,000개 정도의 어마어마한 면적으로 하루에 모든 곳을

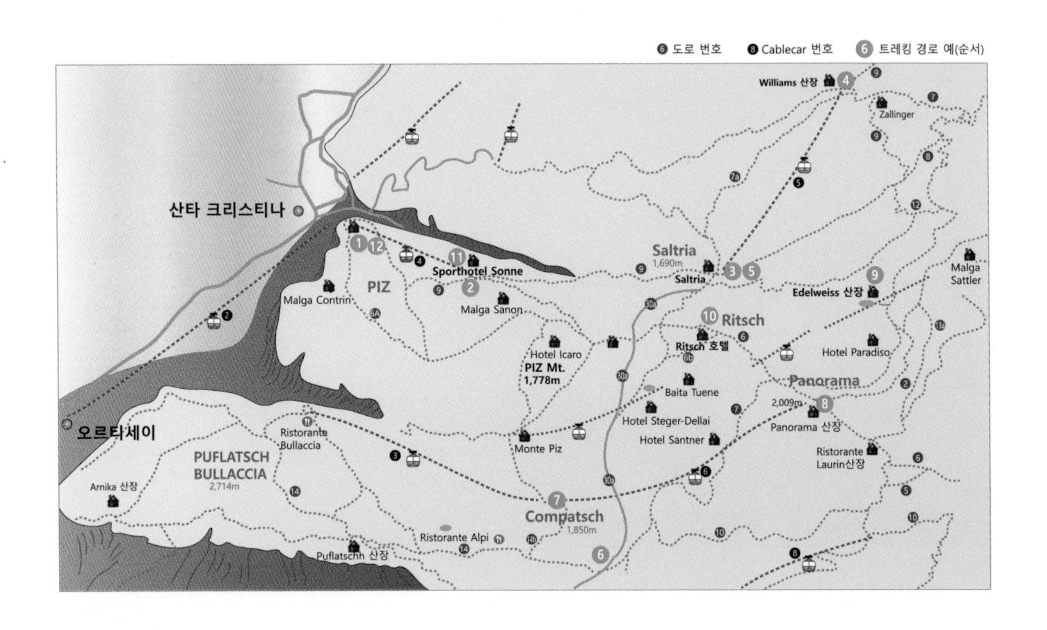

걷기에는 쉽지 않은 곳이기 때문에 적절히 버스와 리프트를 타고 자신에게 맞는 일정을 잡는 것이 중요하다.

오르티세이에서 케이블카를 타는 곳은 '푸니비아 오르티세이*Funivia Ortisei*'라고 검색하면 된다. 이곳은 리프트를 여러 번 이용하기 때문에 슈퍼썸머카드를 사용하는 것이 좋다.

알페 디 시우시에 가는 가장 일반적인 방법은 오르티세이에서 곤돌라를 타고 알페 디 시우시의 시작인 몽 세우크 승강장에 내려 걷는 것이다. 이 곤돌라는 15인용 35개의 탑승기를 갖추고 1999년 크리스마스에 개장했으며 시간당 2,200명의 수송 능력을 갖추었다.

알페 디 시우시의 넓은 초원

몽 세우크라는 이름을 쓰는 승강장과 우측의 식당

승강장 바로 앞에서 보이는 풍경

곤돌라에 사람들이 많이 몰려도 몽 세우크에 도착하면 사람들을 찾아보기 힘들다. 워낙 넓은 곳이라 초원에 사람들이 흩어지기 때문에 인산인해를 이루는 것은 볼 수 없는 지역이다.

몽 세우크에서 살타리아로

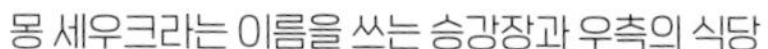

트레킹의 시작은 몽 세우크 케이블카 승강장에서 20m 정도 걸어 내려가 리프트를 타고 손네 호텔*Sonne Hotel*까지 가야 한다. 2인승 체어리프트이며 타고 가는 이동 거리는 짧다. 물론 손네 호텔까지 가는 길은 내리막이고 먼 거리도 아니라 리프

정면에 보이는 산군이 카티나치오 그룹이다.

걸어온 길을 돌아본 풍경.
우측의 산 정상이 출발 지역인 몽 세우크 승강장이다.

트를 타지 않고 걷는 사람들도 많다. 리프트에서 내려서 목적지를 살타리아*Saltaria*로 정한 후 9번 길을 통해 걷는다. 아무도 없는 넓고 푸른 길을 혼자 걷는다고 생각해 보자. 아침 햇살이 따스하게 전해 오는 잔잔함과 평온을 느낄 수 있을 것이다. 멀리 동쪽 지평선 끝을 바라보면 이곳의 랜드마크인 슐레른*Schlern* 산군의 실리아르*Sciliar*도 볼 수 있다.

살타리아로 가는 9번 길은 부분적인 오르막은 있으나 대부분이 내려가는 길이라 힘들지 않다. 살타리아 가는 길 정면에는 카티나치오 그룹(로젠가르텐 *Rosengarten Group*)의 봉우리가 우뚝 선 모습을 바라보며 걷게 된다.

살타리아에서 윌리엄스 산장으로

살타리아에 도착한 후 리프트를 타고 윌리엄스 산장*Rifugio Williams*으로 오른다. 윌리엄스 산장은 우뚝 솟은 사쏘 룽고 옆에 있는 조용하고 아름다운 곳이다.

리프트를 타고 내려서 바로 앞에 있는 산장에 도착하면 첫 번째로 만나는 것은 상상을 초월하는 크기의 술 드럼통이다. 고개를 돌려 우측 동쪽을 바라보면 근사한 야외 식탁이 준비되어 있는데, 이곳에서는 알페 디 시우시의 서쪽 슐레른 산을 바라보는 풍경이 일품이다.

이곳에 앉아 식사하거나 잠시 쉬어갈 때는 주변 풍광에 마음이 안정되고 행복감에 젖을 것이다. 그러나 2023년 다시 찾은 윌리엄스 산장에는 아쉽게도 이 근사한 식탁을 없애 버렸다. 그래도 잔디에 앉아 바라보는 풍경은 여전히 일품이다.

윌리엄스 산장

실리아르(슐레른) 산이 보이는 식탁

윌리엄스 산장은 사진만 찍고 가기에는 너무 아름다운 산장이기에 우뚝 솟은 사쏘 룽고 산을 바라보고 감상하거나, 잔디 사이에 얼굴을 내민 야생화를 관찰해도 좋고, 잘 만든 놀이터에서 아이들이 왁자지껄 떠들며 즐겁게 놀고 있는 소리를 들어도 기분이 좋아지는 곳이다.

시간과 체력에 여유가 있다면 이곳에서 남쪽으로 650m 내려가면 잘링거 *Zallinger* 호텔까지 다녀올 수 있다. 잘링거 호텔에서 좀 더 직진하면 사쏘 룽고 리프트 승강장이 있는 파쏘 셀라 *Passo Sella* 에 도착한다.

리프트를 타고 오르며 보이는 콤파치오 마을

콤파치오에서 파노라마 산장으로

알페 디 시우시를 걷기 위해 다시 리프트를 타고 살타리아로 내려온다. 알페 디 시우시의 대표 장소인 파노라마 호텔까지 가기 위해서는 콤파치오 *Compaccio* (영어 Compatsch)로 이동하여야 하는데, 살타리아에서 콤파치오까지는 1인당 2유로를 내고 11번 버스를 타면 쉽게 도달할 수 있다. 콤파치오는 이곳의 중심가로 많은 숙소가 있고 오전 9시 이전이라면 자가용으로 올라올 수도 있는 곳이다.

파노라마 산장까지는 걸어도 되지만 리프트를 타는 것이 쉽게 이동하는 방법이다. 콤파치오 버스 정거장에서 파노라마 리프트 승강장까지는 걸어서 10분 정도 소요된다. 파노라마 리프트는 4인용으로 시원한 바람을 맞으며 실리아르 산을 바라보며 풍경을 감상하며 갈 수 있다. 이동 거리가 긴 리프트는

알펜호텔 파노라마 산장

아니지만, 알페 디 시우시의 중심에서 360° 전경 전체를 조망할 수 있는 언덕까지 올라가기 때문에 사람들이 많이 탑승한다.

이 리프트는 돌로미티 슈퍼썸머카드를 사용할 수 있어 발권하지 않고 탑승할 수 있는데, 슈퍼썸머카드가 없다면 현지에서 6유로를 지불하고 편도만 탑승하면 된다.

콤파치오 마을 위쪽에 있는 알펜호텔 파노라마*Alpenhotel Panorama* 산장 앞의 초원지대는 알페 디 시우시 최고의 풍광을 자랑하는 곳이다. 파노라마라는 이 언덕에서는 알페 디 시우시를 둘러싸고 있는 돌로미티의 유명 산군들과 공원을 조망할 수 있기에 유명하다. 트레킹을 위해 찾는 사람들과 식사하는 사람들로 붐비는 산장으로 아이들 놀이터와 신기하고 귀엽게 생긴 동물인 알파카*Alpaca*를 키우는 사육장도 볼 수 있다. 개인적인 느낌은 조금은 번잡한 느낌이 드는 곳이다.

파노라마 산장 앞에서 보는 모습은 동쪽으로는 세체다, 셀라 그룹, 사쏘 룽고 그룹이, 사쏘 룽고 옆으로 돌로미티 최고봉인 마르몰라다 봉우리가 고개를 내밀고 남쪽으로는 카티나치오 그룹이, 서쪽으로는 이곳의 랜드마크인 실리아르 산이 넓은 초원을 둥글게 감싸고 있다. 파노라마라는 이름만큼 360° 경치를 감상할 수 있는 곳이다.

윌리엄스 산장에서 촬영. 알페 디 시우시 트레킹 하는 연인

파노라마 산장에서 에델바이스 산장으로

에델바이스 산장*Edelweiss Hutte*으로 가는 길은 파노라마 산장에서 2.3㎞, 40분 정도 걸으면 도착한다. 지름길인 2번 도로로 걸으면 자연과 접하여 더욱 아름다운 모습을 감상하며 걸을 수 있다. 근처에 도달하면 에델바이스 산장과 산장의 자랑거리인 인공 호수가 보이기 시작하고 뒤에 사쏘 룽고 그룹이 떡하니 버티고 있다.

에델바이스 산장은 주변 풍광이 매우 아름다운 곳으로 시설이 아기자기하고 의자와 같은 소품이 반듯하지 않은 것이 더 매력적이다. 내부는 협소하지만, 잔디 마당이 넓게 펼쳐진 곳이다. 당연히 실내보다는 야외가 인기 있는데,

파노라마 산장에서 에델바이스 산장으로 걷는 도중에 보이는 실리아르 산

간단한 스낵

에델바이스 화분

몇 개의 탁자와 더불어 주변의 돌과 자연적인 나무로 테이블이나 벤치 등을 만든 것이 인상적이다. 정식 같은 음식은 주문할 수 없고 간단한 음식만 가능해서 헝가리식 굴라쉬*Goulash*와 요거트 등을 판매한다.

에델바이스 산장에서 몽 세우크로

다시 돌아가는 길은 버스를 타기 위해 파노라마 산장 대신 리치 호텔 *Ritsch Hotel* 로 방향을 잡고 걸어야 한다. 리치 호텔 앞에서 14번 버스를 타면 피즈 *Piz* 지역, 즉 처음 출발지인 손네 호텔까지 갈 수 있다. 버스가 운행하지 않는 경우 걸어가야 하는데 쉬엄쉬엄 구경하며 걸으면 1시간 30분 정도 소요된다. 가는 길은 오는 길과는 다른 경치를 보여 주며 푸른 초원과 맑은 하늘이 균형을 이루어 아름다움을 뽐낸다. 건초를 준비하기 위해 풀을 깎는 이들이 많이 보인다. 아름다운 야생화가 이제 서서히 사라지기 시작하는 시기이다.

에델바이스 산장에서 리치 호텔까지는 약 4.3㎞ 정도의 거리로 1시간 20분 정도 소요된다. 내려가는 길이라 전혀 어렵지 않다. 경치를 바라보고 걷노라면 시간 가는 줄 모른다. 리치호텔에 도착하면 호텔 앞 도로에서 콤파치오 방향으로 가는 쪽에서 버스를 타면 된다. 그러나 수요가 적어서인지 2023년에는 버스 운행이 중단되어 몽 세우크까지 도보로 돌아가야만 했다.

몽 세우크로 가는 길은 손네 호텔을 향해 갈 수도 있고 6A번 길을 택하여 몬테 피즈의 측면으로 걸어갈 수도 있다. 보이는 풍경은 사뭇 다르다. 몬테 피즈로 가는 길은 약간의 경사가 있지만 높은 곳에서 내려다보는 모습도 아름다운 길이다. 손네 호텔에 도착하는 경우는 이곳에서 리프트를 타고 다시 몽 세우크 승강장으로 갈 수 있다.

몽 세우크 승강장에 도달하면 긴 알페 디 시우시 트레킹이 끝나는 시점이다. 이제 다시 곤돌라를 타고 오르티세이로 내려가면 하루 일정이 끝나게 된다.

리치 호텔 앞에서 본 풍경. 사쏘 룽고를 배경으로 넓은 초원지대가 인상적이다.

Seceda

세체다

가는길

- 볼차노에서 38㎞ 거리로 자동차로 45분 정도 소요되며 코르티나 담페초에서는 67㎞, 자동차로 1시간 30분 정도 소요된다.
- 오르티세이에 위치하므로 오르티세이 근교에 숙박 장소를 정하고 세체다, 알페 디 시우시, 발 가르데나 계곡 등을 함께 관광하는 것이 좋다.

케이블카 운행 정보

- 기간: 5월 31일~11월 1일(오르티세이~푸르네스~세체다),
  5월 17일~11월 1일(콜 레이저)
- 시간: 08:30~17:30, (6월 9일~10월 13일)08:30~18:00
- 고도차: 1,250~2,500m(오르티세이~푸르네스~세체다),
  1,550~2,106m(콜 레이저)
- 소요 시간: 20분(오르티세이~푸르네스~세체다), 10분(콜 레이저)
- 비용: 성인 45유로(오르티세이~푸르네스~세체다), 성인 30유로(콜 레이저)

주차

- 세체다 주차장에 주차한다. 오전 9시 30분경이면 만차가 되니 하절기에는 서두르는 것이 좋다.
- 비용: 시간당 1.9유로(하루 최대 13유로)

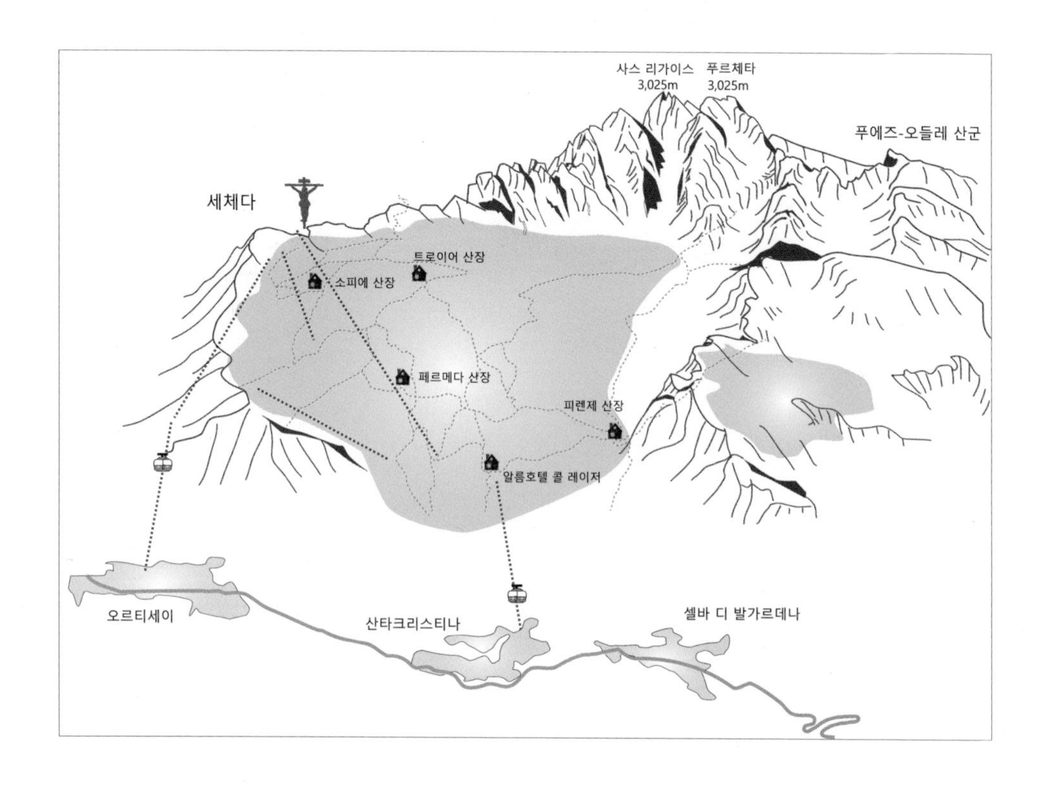

푸에즈-오들레 자연공원의 일부인 세체다는 가이슬러 *Geisler* - 오들레 *Odle* 그룹으로 사쓰 리가이스 *Sass Rigais* 와 바세르코펠 *Wasserkofel* 사이에 푸르체타 *Furchetta* 등 6개의 거대한 탑 모양의 산봉우리 정상으로 구성되어 있다. 이 산군은 알프스 산줄기인 푸에즈 *Puez* 산맥 사이의 오들레 *Odle* 그룹과 접해 있다.

세체다는 사우스 티롤의 발 가르데나 계곡의 오르티세이, 산타 크리스티나 마을 위에 위치한 2,500m급의 산봉우리들로 이루어져 있는 산군이다. '오들레'라는 말은 라딘어로 '바늘'이란 의미를 가졌는데, 오들레 산맥의 뾰족한 첨탑을 고려하면 적절한 명칭이다. 세체다 *Seceda* 는 건조함을 의미하는 라틴어 'siccus'에서 유래되었는데 세체다의 경사면이 계절에 따라 뼈대로 보이는 모습에서 나온 명칭이다.

세체다는 돌로미티 서부 오르티세이에서 출발할 수 있는 산맥 중 하이라이트라

지층이 휘어져 우뚝 솟은 세체다. 뒤쪽 중앙의 큰 봉우리가 사쓰 리가이스(3,025m),
중앙의 가장 높아 보이는 뾰족한 봉우리가 페르메다(2,984m)이다.

고 할 수 있다. 한국인들이 가장 많이 찾는 장소이며 매일매일 다른 모습으로 와닿는 풍경으로 감동을 주는 곳이다. 바늘처럼 날카롭게 솟은 봉우리들이 연속으로 이어져 한 폭의 수채화 같은 풍경을 연출하는 곳으로 "악마가 사랑한 풍경"이라 불린다. 이곳은 겨울에는 신나는 스키장이며 여름에는 다양한 모험을 즐길 수 있는 인기 지역이다.

세체다 정상에 방문하는 것은 일반적으로 두 가지가 있는데, 출발 장소가 오르티세이와 산타 크리스티나 마을 중 어디냐에 따라 달라진다.

첫째로 세체다에 가는 가장 쉬운 방법은 오르티세이에서 산 정상까지 케이블카를 타는 것이다. 먼저 오르티세이에서 푸르네스*Furnes*까지 케이블카를 타고 이동한 다음(2.5㎞) 다시 케이블카를 타고 세체다(1.9㎞)까지 이동한다. 이 방법은 세체다 정상에 가장 쉽게 도달하는 방법이다.

두 번째 방법은 산타 크리스티나에서 콜 레이저*Col Raiser*를 타고 알름 호텔*Almhotel*로 올라가서 이동하여 페르메다 승강장*Seggiovia Fermeda*에서 리프트를 타고 정상에 올라가는 방법이다.

세체다 트레킹

① 오르티세이~푸르네스~세체다

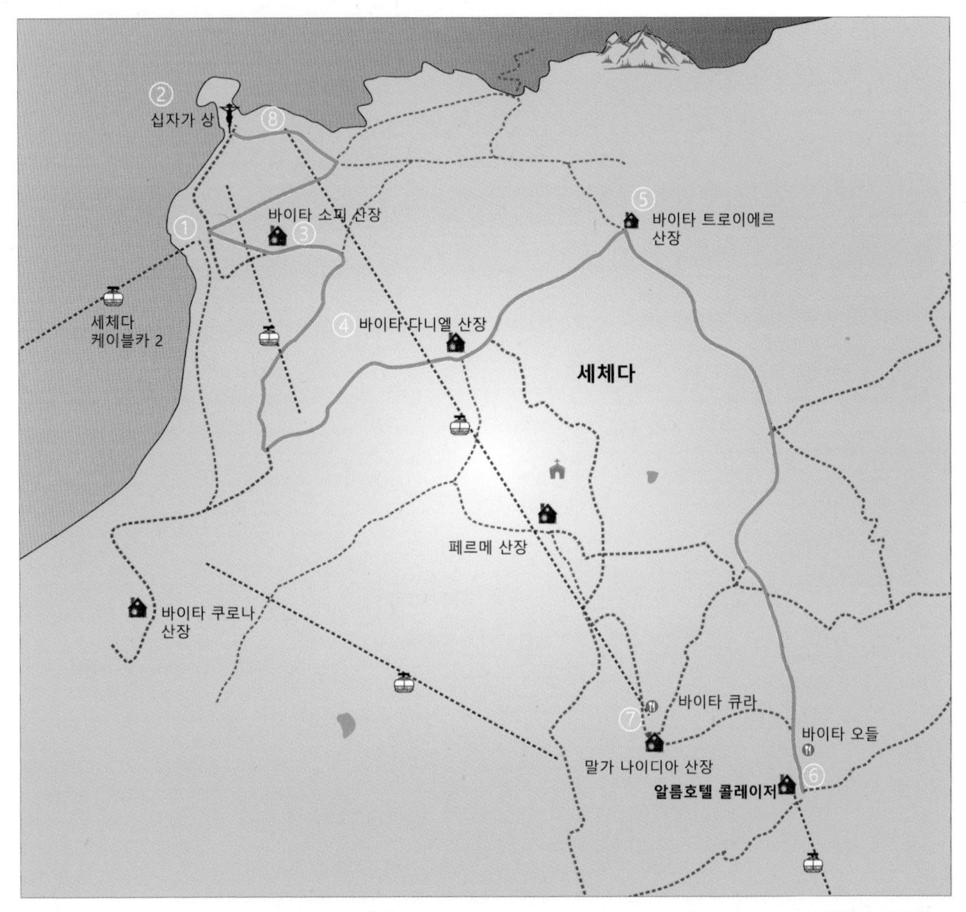

세체다 트레킹 ①

산타 막달레나에서 바라본 세체다 봉우리들

오르티세이에서는 먼저 곤돌라를 타고 이동하다 중간에 케이블카를 이용해 산 정상까지 가야 한다. 케이블카 승강장에서 내리면 음식과 음료를 제공하는 레스토랑과 연결되는데, 테라스에서는 돌로미티의 멋진 전망을 감상할 수 있다. 바로 옆 공터로 걸어가면 벤치가 보이는데, 이곳에서는 하늘을 찌를 듯한 세체다의 산봉우리들과 넓은 초원지대가 경사면 아래로 펼쳐진다.

이곳 케이블카 승강장에서 정상 방향으로 도보로 10분 정도, 약 400m를 올라가면 전망대에 도착한다. 이 길은 가파른 오르막길이므로 어떤 사람들은 힘들게 느낄 수도 있다. 하지만 세체다에서 완벽한 전망을 볼 수 있다는 점에서는 그만한 가치가 있는 장소이다.

정상에 오르면 전망대에서 가슴이 탁 트이는 느낌으로 돌로미티의 전경을 360° 볼 수 있다. 2,500m 높이라 맑은 날에는 오스트리아에서 가장 높은 산인 그로스글로크너*Grossglockner*까지 보이기도 한다. 이곳에는 십자가의 예수

세체다 케이블카 승강장

정상의 십자가 예수상

상이 아래를 바라보며 정상을 지키고 있고, 옆에는 실제 산봉우리와 같은 모습으로 철제로 만든 원형 디오라마가 있는데, 세체다 정상에서 볼 수 있는 알프스의 모든 봉우리가 나열되어 있다.

여행 사이트들에서는 오들레-가이슬러 그룹의 수직으로 솟은 사쓰 리가이스 봉우리의 매우 멋진 장면에만 초점을 맞추지만, 세체다에서는 셀라 그룹 대산괴, 사쏘 룽고 및 마르몰라다까지 전체적으로 놀라운 전망을 감상할 수 있다.

실제 돌로미티 산을 만든 철제 디오라마

세체다의 유명한 전망을 보기 위해 정상에서 동쪽으로 있는 체어리프트 승강장 뒤로 능선을 따라 걸어가면 오들레-가이슬러 그룹의 정점을 바라보게 되는 지점에 도달한다. 이곳에서는 세체다 페르메다 타워*Fermeda Towers*의 사진이 가장 잘 나오는 장면을 포착할 수 있는 이상적인 장소이다.

정상에서 내려가는 길은 올라오는 길과 평행하게 위쪽에 있는 길로 걷기에 적절한 경사를 갖고 있다. 중간에 파노라마 풍경을 바라보는 벤치에 앉아 쉬면서 바라보는 풍경은 정면에 바로 보이는 사쏘 룽고와 좌측의 세체다와 셀라 그룹의 웅장함과 완만한 경사지가 조화를 이루어 아름답다. 동쪽의 알페 디 시우시 방향을 바라보면 셀라 그룹, 거대한 사쏘 룽고 대산괴, 슐레른 산 등 돌로미티의 더 상징적인 봉우리를 발견할 수 있다.

아직 잔디를 깎지 않아 바람에 흩날리는 야생화 군락이 세체다의 봉우리를 배경으로 아름다운 경치를 만들고 있다. '세상에 이처럼 아름다운 풍경이 있을 수 있을

까?' 하는 생각이 가득 차서 마음을 빼앗기기도 한다. 핑크빛 토끼풀, 노란 민들레, 흰색 데이지 등의 야생화가 지천으로 피어 시선을 잡아 놓는다. 인위적인 것이 아닌 자연의 창조물이 더욱 아름답게 느껴진다.

전체적으로 좌우로 훑으며 걸어본다. 영상 20℃ 정도의 기온과 산들바람이 7월 말의 기온을 무색하게 한다. 세체다 평원을 지그재그로 난 작은 길로 힘들지 않게 걸어갈 수 있고 중간에 산장에서 쉬면서 차 한잔하며 바라보는 경치는 일품이다. 이 일정은 여유 있게 걸어도 4시간 정도면 가능하고 내려가는 길이라 전체적으로 힘들지 않은 길이어서 어린아이도 가능한 트레킹이다.

② 산타 크리스티나 콜 레이저~알름 호텔

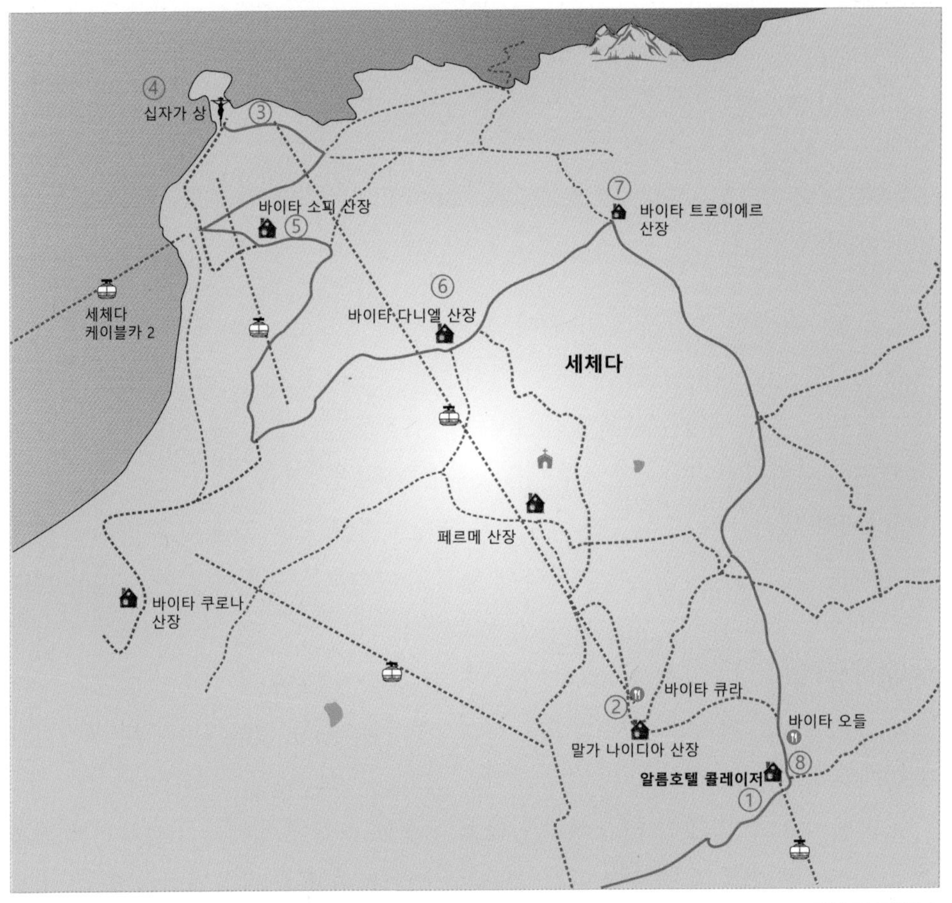

세체다 트레킹 ②

말가 네이디아 산장에서 바라본 모습. 구름에 휩싸여 있는 중앙에 있는 거대한 산이 사쏘 룽고 그룹이다.

세체다에 올라가는 방법은 다양한데 오르티세이에서 *Funivie Seceda* 곤돌라를 2번 타고 정상까지 가는 방법이 가장 일반적이지만, 이번에는 산타 크리스티나 마을의 콜레이저에서 곤돌라를 타고 알름 호텔*Almhotel*에 도착하여 세체다 하부 지역에서 정상까지 가는 일정이다. 세체다는 다양한 길이 있어 본인의 체력과 시간에 맞게 걸어볼 수 있는 것이 장점인 곳이다.

일반적으로 오전에 세체다를 걷고 오후에 산타 막달레나로 이동하면 산타 막달레나의 배경이 되는 세체다 절벽을 해가 비추어 멋진 경치를 볼 수 있다.

돌로미티 날씨는 고산지대에 어울리게 변덕스럽다. 2019년 여행 때는 여행 기간 내내 거의 맑은 날씨였고, 기온도 아침 최저 10℃에서 최고 24℃ 정도로 여행하기에 최적의 조건이었지만 이번 여행은 아침 최저 기온이 0℃ 정도라 한여름임에도

알름 호텔

말가 네이디아 산장

춥다. 비가 오는 날에는 한낮에도 춥고 밤 기온은 쌀쌀하다. 일주일간의 일기예보를 보니 일주일 내내 비가 예보되어 있고, 비가 올 확률도 90~100%나 되었지만 대부분 맑은 날이었다. 변화가 많은 것이 산악지대의 날씨 때문이니 너무 걱정하지 않아도 된다.

콜 레이저 곤돌라를 타고 알름 호텔에 도착하여 주변을 돌아보니 잔뜩 흐린 날씨가 언제 비로 변할지 불안하고, 햇빛도 없어 흐린 날이라 풍경은 반감된다.

알름 호텔에서 정상으로 가기 위해서는 세기오비아 페르메다*Seggiovia Fermeda* 승강장에서 리프트를 타고 올라가야 한다. 승강장까지 가는 길은 숲속을 걷는 아름다운 길이다. 기분 좋게 트레킹을 시작했지만, 얼마 되지 않아 비가 내린다. 비가 제법 세차게 내려서 말가 네이디아 산장*Malga Neidia Hütte*에서 비를 피하기로 하여 에스프레소 한 잔을 마시며 비 오는 풍경을 감상한다. 이탈리아의 에스프레소는 가격도 저렴하고 몇 잔 마시다 보면 진한 맛에 익숙해진다.

제법 강한 비가 내린 후 비가 그치며 구름이 돌로미티 산들과 어울려 그림 같은 풍경을 만들고 구름이 사쏘 룽고 산을 휘돌아 감고 있는 멋진 장면을 연출한다.

날씨가 맑아지며 사쏘 룽고의 반대쪽, 즉 북쪽을 바라보니 구름에 뒤덮인 세체다 봉우리가 역동적인 모습을 보여 준다. 산 정상으로 가는 것은 산장 바로 앞에 있는 페르메다*Fermeda* 리프트를 타고 10여 분이면 도착할 수 있다. 천둥소리와 비로 인해 리프트가 운행 중단한 것이 불과 1시간 전인데 운행을 다시 시작한다고 하니 이것

말가 네이디아 산장과 구름에 감싸인 사쏘 룽고

이 돌로미티의 급변하는 날씨를 보여 주는 것 같다. 돌로미티 날씨는 변화가 많아 맑은 날 비가 내리기도 하고, 비가 와도 일시적으로 맑아지는 경우가 있으니 포기하지 않고 기다려 보는 것도 좋은 방법이다.

세체다 정상은 비가 언제 왔는지 알 수 없을 정도로 파란 하늘이 구름과 함께 멋진 장면을 만든다. 구름이 산을 삼킬 듯이 시각에 따라 구름의 모양이 급변하는 모습은 장관이다. 여전히 야생화는 푸른 초원을 알록달록한 색으로 물들이고 있다.

정상에서의 세체다 봉우리는 구름의 역동성으로 더욱 실감이 난 위용을 보인다. 지층이 90° 수직 방향으로 서 있도록 작용한 거대한 힘을 일으킨 자연의 경이로움을 느끼면서 더욱 감동적인 세체다 모습을 본다.

리프트를 타고 가면서 내려다보이는 모습들.
짙은 난층운 배경의 산봉우리로 하얀 구름이 솟아오르고 있어 마치 산봉우리를 따라 윤곽선을 그린듯하다.

야생화로 뒤덮인 세체다

출발했던 세체다 아래쪽에 구름이 몰려오며 더 멋진 경치를 보여 준다.

지그재그로 초원을 가로질러 걸어 내려오며 바라보는 야생화는 푸른 하늘 그리고 구름과 어울려 아름다움을 더한다. 다시 하산하기 시작하며 광활하게 펼쳐진 세체다의 야생화를 바라보니 역시 말로 표현하기 어려울 정도로 아름답다. 참고로 8월 초가 되면 야생화는 전부 베어지므로 세체다의 야생화를 보려면 가급적 7월 중순 무렵에 와야 한다.

정상에서 중간 정도 지점에 내려오니 다시 하늘에 먹구름이 몰려와 하늘을 뒤덮기 시작하며 빗방울이 한두 방울씩 떨어진다. 가랑비 정도는 맞으면서 야생화를 바라보며 걷는 것도 운치가 있다. 점차 비가 많이 내리기 시작하여 우비로 갈아입고 걷는다. 트레킹이 많은 돌로미티는 우산보다는 우비가 더 효용성이 좋다.

멋지고 웅장한 세체다 정상을 볼 수 있도록 2~3시간 정도 맑은 날씨를 보여 주더니 다시 비가 내린다. 이제는 비가 와도 아쉽지 않을 정도로 정말 기가 막히게 좋은 날씨가 행운으로 다가와 세체다의 멋진 경치를 감상한 기분 좋은 날이다.

바이타 다니엘 휴테 앞에 데이지가 군집을 이루어 피어있다.

③ 세체다~브로글레스 산장~레시에사 산장~오르티세이

- 이동 거리: 8.1㎞
- 소요 시간: 약 4시간
- 고도차: 354m
- 난이도: 중

이 코스는 세체다를 이루는 뾰족한 봉우리 사이를 넘어가는 색다른 트레킹이다. 대부분의 사람은 세체다 정상에서 하부로 내려가는 길을 걸어 탐방하지만 오늘은 사스 리가이스 산을 넘어 브로글레스 *Brogles* 산장으로 내려가는 경로이다.

날씨가 좋은 날이라면 미끄러짐도 없고 절벽을 타고 내려가는 트레킹이라 힘도 들지 않고 큰 어려움이 없다. 단, 초입부는 경사가 심한 관계로 안전에 주의하여야 한다. 역방향으로 트레킹을 하게 되면 급경사를 오를 수 있는 체력을 소유해야만 가능하다.

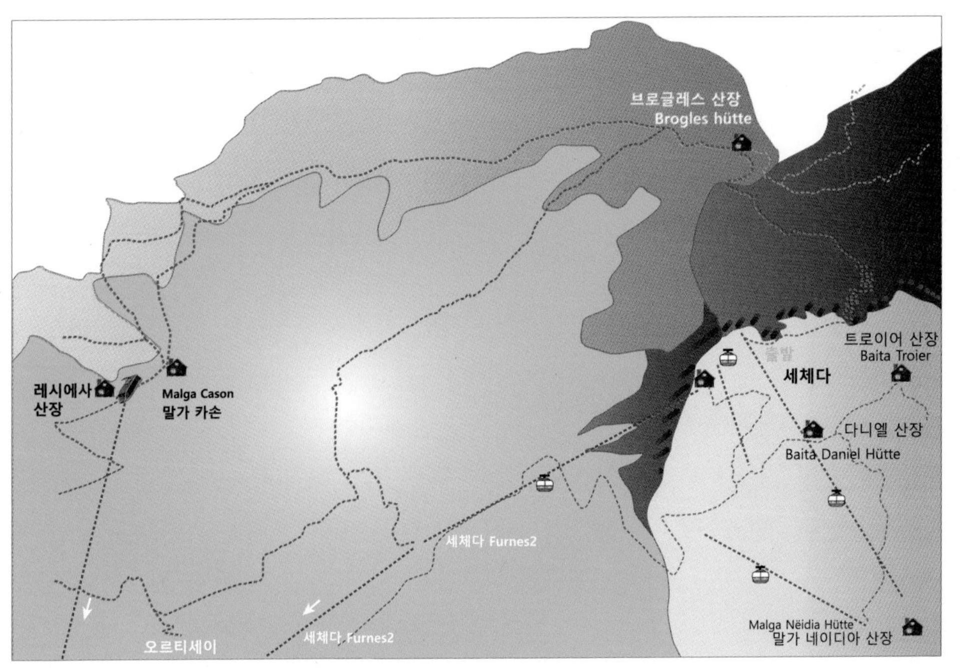

세체다 트레킹 ③

브로글레스 산장 트레킹 출발점

출발점에서 출발하여 급경사의 구간을 내려가는 것으로 본격적으로 트레킹이 시작된다. 처음 구간은 경사가 급하고 미끄러워 주의를 기울이면서 천천히 이동하여야 한다. 비아 페레타*Via ferrata*처럼 경사로의 줄을 잡고 조심해서 내려가야 한다. 이러한 길조차도 사람의 손길이 닿아 좀 더 안전하게 걸을 수 있도록 길을 정비해 놓았다는 것이 신기하다. 가끔 역방향으로 올라오는 사람들을 보면 강인한 체력에 감탄하게 된다.

경사로의 철제 밧줄을 잡고 나무로 다듬은 길을 밟으며 조심스럽게 내려간다.

어려운 급경사는 그리 길지 않아 조금만 조심해서 내려가면 된다. 급경사가 끝나면 완경사의 길로 접어든다. 이곳에서 6번 길을 가

PANA SCHARTE
FORC. PANA
JËUF DE PANA
6
6A
GAMPEN ALM MALGA GAMPEN
SCHLÜTERHÜTTE
BROGLES ALM
30'
6
RIF. MALGA BROGLES

면 빠르게 브로글레스 산장*Brogleshütte*에 도착할 수 있지만 길이 예쁜 6A로 돌아서 간다. 이 길부터 거친 돌길이 사라지고 숲과 꽃이 보이기 시작한다.

브로글레스 산장이 보이기 시작하면 트레킹이 거의 끝난 것처럼 느껴질 정도로 어려운 길이 끝나는 지점이다. 이곳에서 잠시 쉬며 식사와 차를 마시며 휴식하는 것도 좋다.

브로글레스알름*Broglesalm*(2,045m) 산에 위치한 브로글레스 산장은 고산지대 피난처로 1,700년 경에 목자들을 위한 쉼터로 지어졌다. 특히 등산객들은 힘든 여행 중에 잠시 멈출 수 있는 장소로 이 오두막을 높이 평가한다.

이 산장은 가이슬러 그룹*Geisler Group*의 가장 서쪽 봉우리인 세체다를 감상하는 최고의 장소이다. 이곳에서 방문객들은 전형적인 알파인 요리와 이탈리아 특선 요리를 맛볼 수 있다. 산장의 이층에는 침대가 있는 매우 간소한 객실과 하룻밤 숙박이 가능한 숙소가 있다.

브로글레스 산장

세체다 봉우리들을 배경으로 자리 잡은 브로글레스 산장

산장에서 조금 걸어 뒤를 돌아보면 강렬하고 아름다운 절경을 보게 된다. 엄청난 직벽의 세체다 절벽을 쳐다보면 저 높은 곳을 넘었다는 것이 믿기지 않는다. 잠시 이곳에서 웅장한 세체다 고봉들의 아름다운 모습을 감상하는 것도 다시 걷는 데 도움이 된다.

브로글레스 산장에서 500m 정도 걸으면 브로글레스 고개 *Passo di Brogles* 에 도착한다. 이곳에서 산악 역이 있는 레시에사 산장 *Chalet Resciesa* 까지의 거리는 약 4.3㎞, 쉬어가면 1시간 30분 정도 걸리는 거리이다. 이곳에서는 갈림길이 나오는데 계속

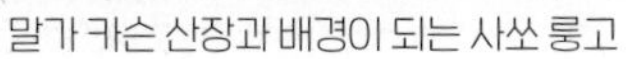

말가 카슨 산장과 배경이 되는 사쏘 룽고

산 능선을 걷는 평탄한 초원길

직진하는 길을 선택한다. 이 길은 언덕 아래로 사쏘 룽고와 카티나치오 그룹의 거대한 산들을 내려다보며 걷는 길이다. 초원을 감상하며 언덕을 몇 개 오르내리면 트레킹의 종점이 다가오면서 말가 카슨 산장*Malga Cason* 과 곧바로 이어서 레시에사 산장*Chalet Resciesa* 이 보인다.

이 산악 역은 특이하게 곤돌라나 리프트가 아닌 산악열차로 오르티세이까지 이동한다. 이 산악열차는 안전하며 내부도 넓고 시야도 좋아 움직이는 동안 기분이 좋아진다.

세체다 봉우리를 넘는 이 트레킹은 2023년에는 출발점이 막혀 걸을 수가 없었다. 길의 안전 여부에 따라 폐쇄되기도 하니 정보를 미리 알아보는 것도 중요하다.

셀라 고개에서 찍은 발 디 파사 지역의 별. 2019.
(Nikon D850 / Aperture f2.8 / ISO 3,200 / Focal length 14mm / Sutter speed 30s)

레시에사

가는길

- 볼차노에서 38㎞ 거리로 자동차로 45분 정도 소요된다.
- 코르티나 담페초에서는 67㎞, 자동차로 1시간 30분 정도 소요된다.
- 오르티세이에 위치하므로 오르티세이 근교에 숙박 장소를 정하고 세체다, 알페 디 시우시, 발 가르데나 계곡 등을 함께 관광하는 것이 좋다.

케이블카 운행 정보

- 시간: 09:00~16:00(시기에 따라 08:40에서 18:00까지 운행 시간이 달라지니 사전에 알아두는 것이 좋다.)
- 고도차: 1,345~2,163m
- 소요 시간: 8분
- 비용: 성인 왕복 30유로,
  성인 편도 20유로

www.resciesa.com/de/infos.asp

주차

- 주차는 세체다 주차장에 하고 푸니쿨라 승강장까지 5분 정도 걸으면 된다.
- 비용: 시간당 1.9유로(하루 최대 13유로)

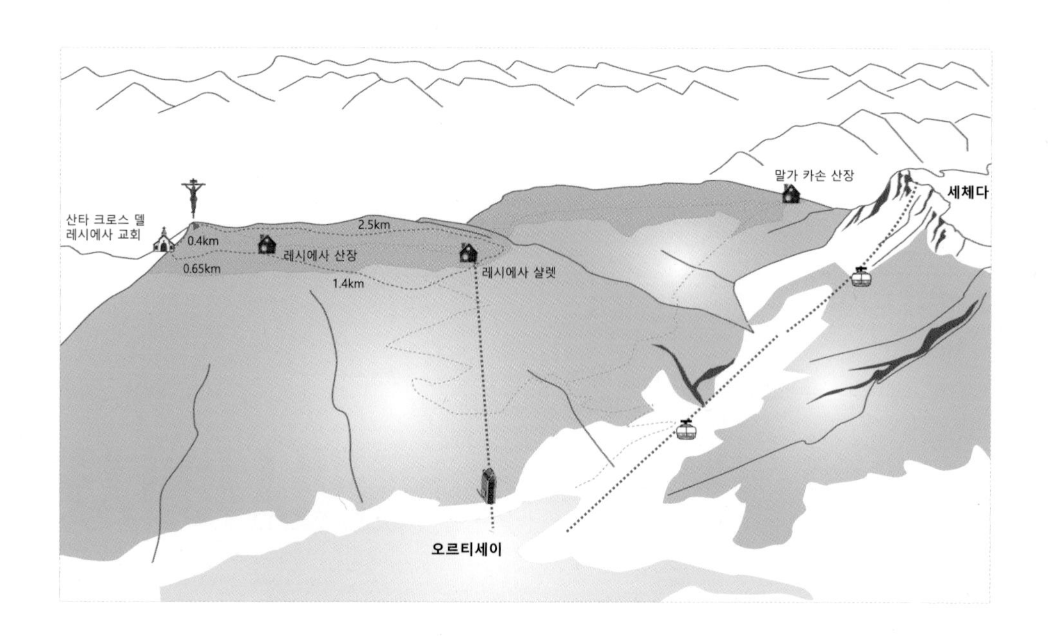

레시에사 트레킹

- 이동 거리: 5㎞ 순환 트레일
- 소요 시간: 2시간
- 고도차: 2,096~2,281m
- 난이도: 하

레시에사 고산 목초지는 발 가데나 계곡과 인근 발 디 푸네스*Val di Funes* 계곡 사이에 있으며 푸에즈-오들레 자연공원의 일부로 오르티세이 북쪽 방향에 솟아 있다. 하부는 주로 숲으로 구성되어 있고 위로 올라갈수록 해발 2,000m의 지형이 넓은 초원으로 뒤바뀌는 곳이다. 세체다 옆에 있는 레시에사 고산 목초지는 세체다에서 브로글레스 산장 트레킹을 하면 산악열차를 타는 레시에사 산장*Resciesa Chalet*과 만나게 된다.

이번에도 세체다에서 브로글레스 산장으로 넘어가는 트레킹을 계획하였으나 진

레시에사 정상 모습

입로가 통제되어 갈 수가 없어 고민하다 결정한 것이 레시에사 트레킹인데, 세체다 보다는 밋밋한 경치를 보여 주지만 나름 잔잔한 만족을 주는 곳이다. 힘든 경로도 적고 거리도 짧아 어린아이부터 노인까지 가족이 함께 움직이기에 좋은 길이다.

레시에사 트레킹은 약간의 숲길과 목초지를 걷는 난도가 낮은 트레킹이다. 오르티세이에서 시작하게 되는데, 차량을 세체다 케이블카 주차장에 주차하고 산악열차인 푸니쿨라 승강장까지 도보로 약 5분 정도 걸어가면 된다.

오르티세이에서 레시에사까지는 곤돌라가 아닌 산악열차인 푸니쿨라를 이용하는데 출발하면 순식간에 2,100m까지 올라간다. 돌로미티의 유일한 산악열차인 푸니쿨라는 타는 경험만으로도 만족감을 주기에 충분하니 시간을 내어 타보는 것을 추천한다.

레시에사 산악열차는 1950년대부터 오르티세이(1,345m)와 레시에사 산(2,163m)을

산악열차 승강장

산악열차 내부

연결했던 오래된 체어리프트를 대체하기 위해 2010년에 개통되었다. 이 차세대 이동 수단은 여행자들이 체어리프트의 긴 이동 시간 때문에 겨울에는 극심한 추위를 겪고 여름에는 폭풍의 위험을 겪게 했던 고통을 피하려고 제작되었다. 이제 단 8분 만에 818m의 고도차를 넘어 레시에사 숲이 우거진 풍경에 기분 좋게 빠져들게 된다.

고도 2,100m에 있는 역에 도착하여 산악열차에서 내리면 바로 앞에 아름다운 꽃으로 장식한 레시에사 산장*Resciesa Chalet*이 맞이한다. 트레킹을 시작하기 전에 이곳에서 에스프레소 또는 아침 식사를 간단히 즐길 수도 있다.

레시에사 산장

산장에서 조금만 길을 올라가면 발 가데나 돌로미티*Val Gardena Dolomites*의 멋진 전망을 감상할 수 있다. 많은 현지인은 이곳 레시에사에서 사쏘 룽고 그룹의 모습을 볼 때 가장 아름답다고 말한다.

지대가 높은 이곳에서 사쏘 룽고 그룹 전체를 내려다보는 느낌은 확실히 좋았으나, 사쏘 룽고가 남쪽에 있어 한낮에는 역광으로 산의 중앙 내부에 그늘이 져서 잘 보이지 않는 단점이 있다.

레시에사 트레킹의 처음 구간은 숲으로 이루어진 편안한 산책로로 이루어져 있다. 주변을 바라보며 천천히 걷다 보면 여유롭게 풀을 먹는 소들이 보이는데, 어떤 녀석은 두려움 없이 사람에게 다가오기도 한다.

레시에사 트레킹 중에 숲과 탁 트인 초원을 가로지르며 걷다 보면 때때로 잠시 멈춰서 쉴 수 있는 벤치를 만나게 된다. 잠시 쉬어가는 동안 주변 산들을 바라보면 경치에 감탄하게 된다. 트레킹 도중 눈을 돌려 보면, 왼쪽(동쪽)에서부터 오들레 산

트레킹 초반부에서 보면 중앙의 사쏘 룽고 그룹과 우측의 카티나치오(로젠가르텐) 그룹을 볼 수 있다.

군의 높은 봉우리를 볼 수 있고, 이어 시계 방향으로 스테비아와 셀라 산군이 있다. 좀 더 신경을 써서 자세히 보면 남쪽으로는 셀라 산군과 사쏘 룽고 그룹 사이에서 돌로미티의 최고봉인 마르몰라다(3,343m)도 볼 수 있다. 우측 방향인 남동쪽에는 발 가데나의 랜드마크 산인 사쏘 룽고 그룹을 볼 수 있으며, 레시에사에서 개별 봉우리를 쉽게 알아볼 수 있다.

남쪽으로는 유럽에서 가장 큰 고산 목초지인 알페 디 시우시가 카티나치오 *Catinaccio* 그룹과 실리아르 *Sciliar* 봉우리와 접해 있다. 동쪽으로는 볼차노까지 보이고 그 뒤로 멀리 오르틀러 *Ortler* 산봉우리까지 보인다.

정상에 있는 십자가상까지 올라가는 길은 짧은 경로와 약간 더 긴 두 가지 경로가 있다.

- 긴 트레킹(약 1.1km): 먼저 서쪽으로 작은 예배당으로 향한 다음 레시에사 고산 목초지의 바깥쪽 가장자리를 따라 정상 십자가까지 이어지는 북쪽 트레일을 걷는다.
- 짧은 트레킹(약 700m): 산장 바로 뒤편에서부터 대각선으로 트레일이 십자가상까지 곧장 이어진다.

산책 중 처음 만나게 되는 레시에사 산장. 승강장에서 1.4㎞, 25분 소요된다.

일반적으로는 걷기 쉬운 긴 트레킹을 많이 이용한다. 이 길을 가다 보면 경사가 시작되기 직전에 작은 교회를 발견할 수 있다. 교회 안으로 들어가면 작지만 깨끗하고 조용한 기도실이 있는데, 이곳에서 짧은 기도를 하고 잠시 쉬어가는 사람들이 많다.

정상의 십자가상

정상(2,283m)에서 바라본 모습

다시 십자가 정상을 향해 오른다. 교회에서는 15분 남짓밖에 걸리지 않는 짧은 길이지만 약간의 경사가 있어 쉬엄쉬엄 올라간다. 정상(2,283m)에 오르면 여느 곳과 마찬가지로 십자가에 매달린 예수상이 맞이한다. 이 십자가의 예수상은 다른 곳과는 달리 유난히 고통스러운 표현을 하고 있다. 십자가의 예수님을 바라보고 많은 사람이 조용히 기도하곤 한다.

정상에서 내려가는 길은 올라오는 길과 평행하게 위쪽에 있는 길로 걷기에 적절한 경사를 갖고 있다. 중간에 파노라마 풍경을 바라보는 벤치에 앉아 쉬면서 바라보는 풍경은 정면에 바로 보이는 사쏘 룽고와 좌측의 세체다 그리고 셀라 그룹의 웅장함과 완만한 경사지가 조화를 이루는 아름다움을 볼 수 있다.

파쏘 가르데나의 은하수. 2019.
(Nikon D850 / Aperture f2.8 / ISO 2,500 / Focal length 14mm / Sutter speed 30s)

Santa Maddalena

산타 막달레나

가는길

- 오르티세이에서 34㎞ 거리로 자동차로 약 50분 정도 소요된다.
- 볼차노에서는 47㎞ 떨어져 있으나 도로가 좋아 50분 정도 소요된다.

주차

- 마을 입구 중앙에 있는 버스 정류장 근처에 대형 주차장이 마련되어 있다
- 비용: 하루에 4유로

산타 막달레나는 이탈리아 북부 트렌티노 *Tresntino*–알토 아디제 *Alto Adige*의 발 디 푸네스 *Val di Funes* 계곡에 있는 인구 370명에 불과한 작은 마을이다. 남부 티롤에 위치한 발 디 푸네스 계곡의 때 묻지 않은 숲과 녹색의 잔디가 카펫처럼 부드럽게 펼쳐 놓은 듯한 돌로미티 서쪽의 명소이다.

산타 막달레나 교회를 중심으로 바로 뒤에 마치 병풍을 두른 듯한 오들레 산군의 뾰족한 봉우리들이 기암절벽을 이루어 감싸고 있는 모습은 돌로미티의 가장 유명한 사진

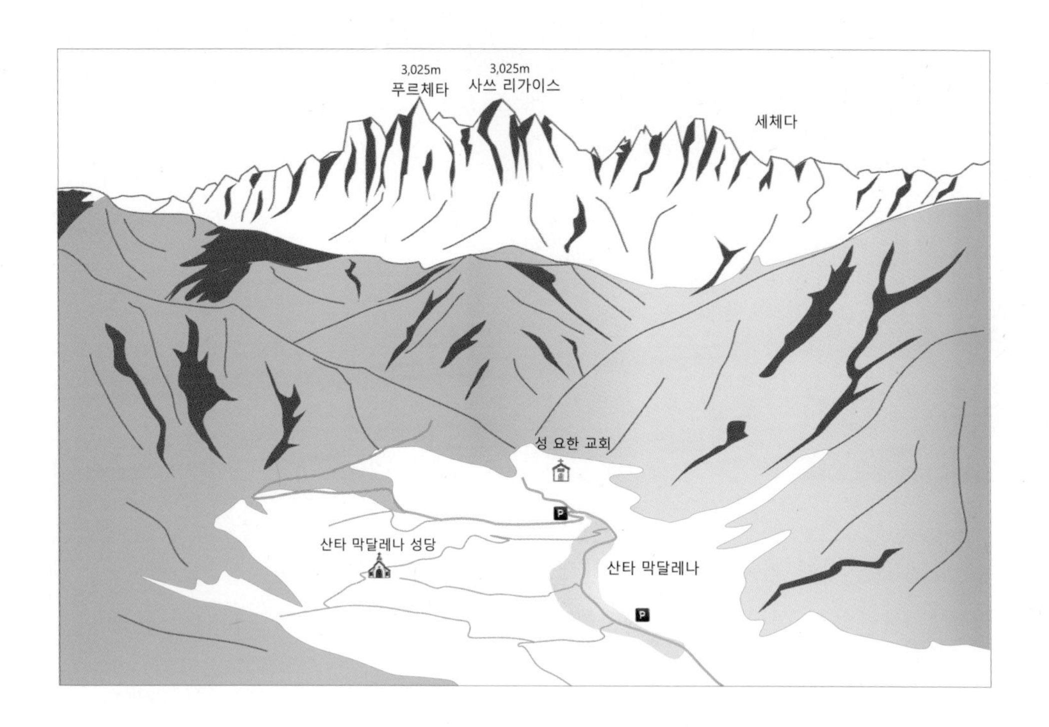

장소로 소개된다. 세체다의 가장 높은 봉우리인 사쓰 리가이스*Sass Rigais*를 포함한 6~7개의 봉우리가 산타 막달레나 교회의 배경이 되는 것이다. 산타 막달레나는 멋진 풍경으로 인해 한국인들이 여행 일정에 반드시 넣는 장소이기도 하다.

발 디 푸네스 지역에서 가장 유명한 장소는 산타 막달레나 교회*St. Maddalena Church*와 산 조반니 교회라 불리는 세인트 요한 교회*St. John Church*이다. 세체다 산을 중심으로 주요한 사진 스팟이 되는 이 교회들은 동쪽에 있는 사쓰 리가이스 기암절벽이 오후가 되어야 햇빛을 받아 좋은 사진을 얻을 수 있으므로 방문 시기는 오후가 적당하다.

세인트 요한 교회*Saint John Church*

세인트 요한 교회에 도착하기 200m 전에 있는 작은 로터리 근처에 10여 대를 주차할 수 있는 공간이 있다. 이곳의 주차비는 조금 비싼 회당 4유로인데, 한적한 시기라면 주변 도로변에 주차해도 된다. 세인트 요한 교회에 도착하기 전에 관람할

수 있는 전망대가 따로 있지만 거리가 멀어 전망대에서 교회를 제대로 관람하긴 어렵다. 망원렌즈를 쓰지 않으면 사진이 작게 나와 건물을 제대로 보기도 어렵다.

주차장에서 도보로 5분만 걸어서 들어가면 라누이 *Ranui* 호텔이 나오는데 이 호텔 아랫길로 교회를 향해서 걸어가면 된다. 교회는 라누이 호텔이 소유한 사유 재산이기 때문에 건물을 가까이 가서 자세히 보거나 내부를 보려면 입장료를 내고 들어갈 수밖에 없다. 교회 내부를 보려면 1인당 4유로의 현금을 내고 회전문을 통과해야 하는데 가끔 닫혀 있기도 하다.

규모는 작은 교회지만 아름다운 산을 배경으로 광활한 들판에 위치하고 푸른 잔디에 홀로 서 있는 모습이 시각적으로 매우 아름답고 인상적이다. 교회는 바로크 양식의 건물로 1744년 미셸 제너 *Michael Jenner*(1637~1723)에 의해 세워진 구리로 만든 돔을 갖고 있다. 교회의 내부 벽에는 요한의 삶을 묘사한 바로크 그림 아홉 점이 있는데, 그것들은 18세기 중반 브레사노네 니콜라우스 폰 위스 *Nikolaus von Weis*(독어 브릭센) 주교의 궁정화가에 의해 그려졌을 것으로 추정한다.

푸에즈 오들러 산군을 배경으로 아름다운 경치를 보여 주는 세인트 요한 교회

산타 막달레나 교회 *Chiesa di Santa Maddalena*

두 번째 방문지인 산타 막달레나 교회*Chiesa di Santa Maddalena*를 찾아간다. 자동차로는 교회에 접근할 수 없어서 마을에 있는 주차장에 주차하고 걸어서 올라가야 한다. 예전에는 교회 주변까지 접근하여 주차할 수 있었으나 이제는 찾는 이들이 많아 방문객 차량은 마을의 공용 주차장에 주차하고 도보로 이동해야 한다. 투숙객을 제외하고는 마을 안쪽으로 차를 가지고 들어갈 수 없게 되었다.

마을 중앙에 있는 주차장에서 거리는 약 1.2㎞로 15분 정도 소요된다. 산타 막달레나에서는 어느 주차장이든지 1회 4유로의 주차비를 받으니 중앙에 주차하고 걸어서 이동하는 것이 좋다.

산타 막달레나 교회는 1394년 지어진 것으로 문서에 언급되어 있지만, 당시에 지어진 건물은 종탑만 남아 있다. 1492년에 지어진 현재 건물은 메시 아치형 본당에서 알 수 있듯이 후기 고딕 양식에 속한다. 전설에 따르면 맹렬한 폭풍우가 몰아칠 때 현재의 교회가 세워진 자리에 작은 성 막달레나 동상이 기적적으로 나타났다고 한다.

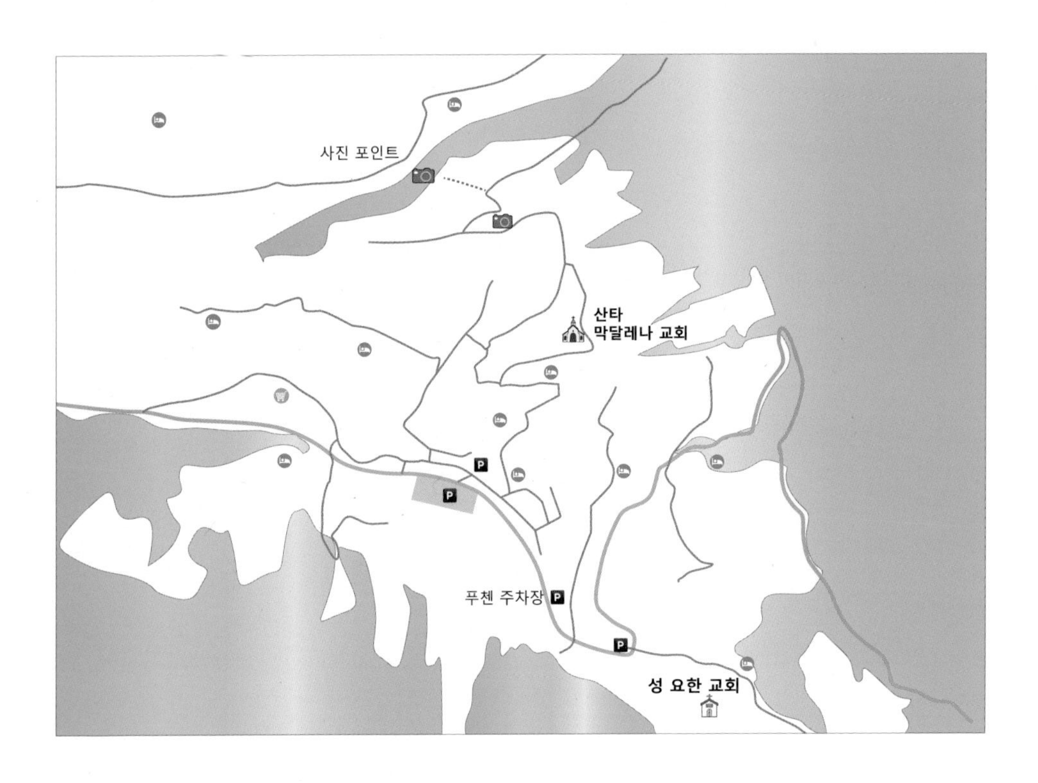

산타 막달레나 교회의 외부 전경

산타 막달레나 교회의 내부 모습. 제단에는 베드로, 세례 요한, 전도자 요한, 성 제롬의 조각품들이 있다.

돌로미티를 대표하는 사진 중 하나.
가운데 막달레나 교회와 세체다의 고봉들이 조화롭게 배경을 이루어 아름다운 풍광을 보여 준다.

산타 막달레나 교회의 내부는 비대칭의 바로크 양식으로 제단에는 베드로, 세례 요한, 전도자 요한, 성 제롬의 조각품들이 있다. 대담한 색상의 그림, 화려한 장식 및 목재가 특징이다. 대규모 축하 행사는 매월 셋째 토요일 오후 7시에 열린다.

산타 막달레나 사진 포인트

이탈리아 돌로미티의 상징 중 하나인 오들레 산군을 배경으로 하는 산타 막달레나 교회(1,394m)는 마을에서 도보로 몇 분 거리에 있는 곳에 자리 잡고 있어 접근성이 좋은 곳이다. 각종 사진 사이트나 인스타그램에서 대표적인 사진으로 노출되는 이곳의 사진 포인트는 산타 막달레나 교회에서 1km만 걸어가면 도달한다. 한국인들이 많이 찾는 곳이라 다녀오는 길에 한국인들을 만날 확률이 높다.

언덕을 지그재그로 올라가며 산타 막달레나 교회를 내려다보면, 같은 모습이지만 올라갈수록 풍경이 미세하게 차이가 나며 더 좋은 경치를 보여 준다. 일반적으로 알려진 사진 포인트보다 더 올라가야 보이는 시야가 좋아져 좋은 풍경 사진을 얻을 수 있다.

올라가면서 풍경을 바라보고 있노라면 자연의 아름다움에 감동하여 한참이나 쳐다보고 시간을 보내게 된다. 산타 막달레나 교회를 중심으로 푸에즈-오들레 산군의 뾰족한 봉우리 절벽을 배경으로 포근한 마을의 풍경은 단연코 돌로미티 최고의 절경이다.

Chapter 4

발 디 파사 지역

SUMMARY

Val di Fassa

발 디 파사

발 디 파사 지역은 볼차노*Bolzano* 및 벨루노*Belluno* 지방과의 경계에 있는 트렌티노*Trentino* 북동쪽에 위치한 돌로미티의 계곡 지역을 말한다. 돌로미티 중남부 지역에 위치하는 파쏘 셀라, 파쏘 포르도이, 카나제이*Canazei*, 발 디 파사, 캄피텔로 디 파사*Campitello di Fassa*, 포자 디 파사*Pozza di Fassa* 지역을 포함하는 지역이다.

발 디 파사 지역은 엄청난 산군들, 즉 사쏘 룽고*Sasso lungo*와 사쏘 피아토*Sasso Piatto*, 카티나치오/로젠가르텐 산군, 셀라 산군, 푸에즈-오들레 산군, 그리고 마르몰라다 산군 등 돌로미티의 가장 유명한 산군들에 둘러싸여 있어서 근처의 케이블카를 타고 어느 산에 올라가든지 파노라마 같은 경치로 감동을 주는 이 모든 산군을 쉽게 만날 수 있다. 파쏘 셀라는 발 가르데나 지역과 발 디 파사 지역을 경계로 하는 지점으로 사쏘 룽고의 웅장한 모습을 볼 수 있다.

파쏘 포르도이를 지나면서 사스 포르도이 케이블카에 올라 먼저 셀

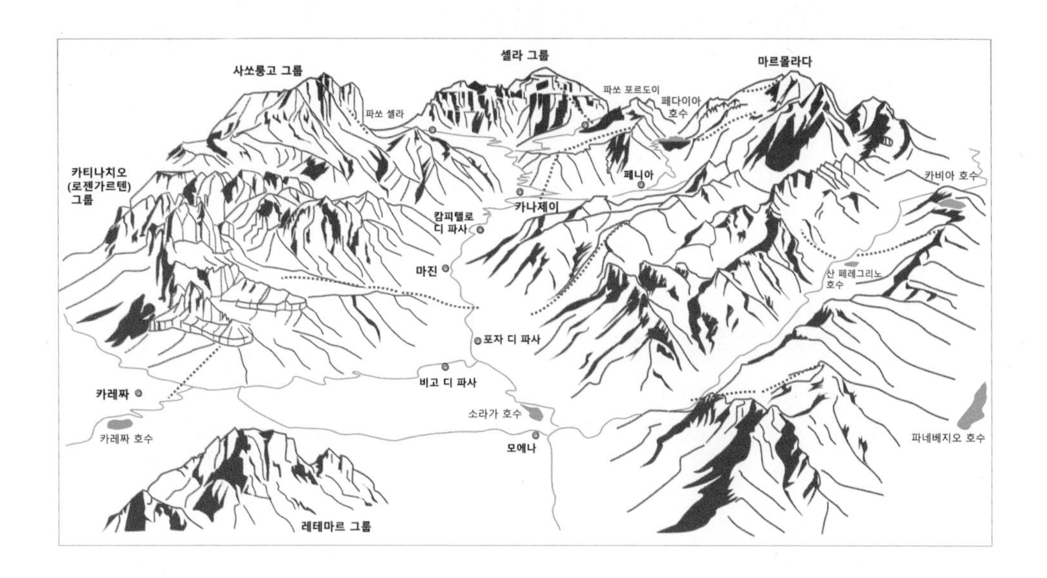

라 산군의 피츠 보에 산군들이 둘러싼 멋진 풍경과 테라짜 델레 돌로미티 *Terrazza Delle Dolomiti* 정상에서 아래를 내려보는 것도 매력적이다.

더 남서쪽으로 내려가면 호숫물이 맑고 반영이 일품인 카레짜 호수를 한 바퀴 돌며 투명한 호수 빛을 가슴에 담으면 마음이 상쾌해진다. 카레짜에서 파올리나 *Paolina* 리프트를 타고 파올리나 산장 *Rifugio Paolina Hütte*에 내려서 약 2㎞를 걷는 로다 디 바엘 산장 트레킹도 일품이다. 도착지인 로다 디 바엘 산장에서 치암페디 *Ciampedie* 산장까지 걸은 후 케이블카를 타고 비고 디 파사 *Vigo di Fassa* 마을로 내려가는 것도 좋은 경험이다.

카나제이 지역으로 이동하면 이곳 발 디 파사 지역의 캄피텔로 디 파사 마을 근처의 멋진 길들을 하이킹할 수 있다. 특히, 이 지역의 호텔이나 캠핑장에 머물면 발 디 파사 파노라마 카드를 할인받아 구매해서 케이블카를 탈 수 있고 무료 버스 탑승권도 발부받을 수 있다.

발 디 파사 지역에서는 카나제이 마을이 가장 크고 레스토랑이나 상점들이 모여 있어서 숙소를 카나제이나 캄피텔로 디 파사에 2～3일을 잡고 머무르면서 여유 있게 관광하면 좋다. 캠핑의 경우 미라발레 *Miravalle* 캠핑장이나 카티나치오 로젠가르텐 캠핑장을 추천한다.

파올리나 산장 근처 야생화 언덕에서 내려다보는 카레짜 마을

Sass Pordoi

사스 포르도이

가는길

- 카나제이에서 12㎞ 떨어진 곳에 위치한 포르도이 고개는 무려 28개의 180° 가까운 회전인 헤어핀 굴곡이 있다.
- 코르티나 담페초에서는 약 47㎞로 자동차로 1시간 10분 정도 소요된다.

케이블카 운행 정보

- 시간: 09:00~16:30(15분 간격 운행)
- 고도차: 2,240~2,948m
- 비용: 성인 25유로,
  어린이 19유로

주차

- 바로 앞에 포르도이 주차장이 있다.
- 비용: 1시간당 2유로(1일 최대 10유로)

셀라 그룹에 있는 해발 2,950m의 사스 포르도이 산은 파쏘 포르도이 *Passo Pordoi* 고개에서 쉽게 접근할 수 있다. 파쏘 포르도이는 북쪽의 셀라 그룹과 남쪽의 마르몰라다 그룹 사이에 위치한 돌로미티에 있는 고개로 트렌토 지방과 벨루노 지방 사이의 경계를 표시한다. 카나제이에서 12㎞ 떨어진 곳에 있는 포르도이 고

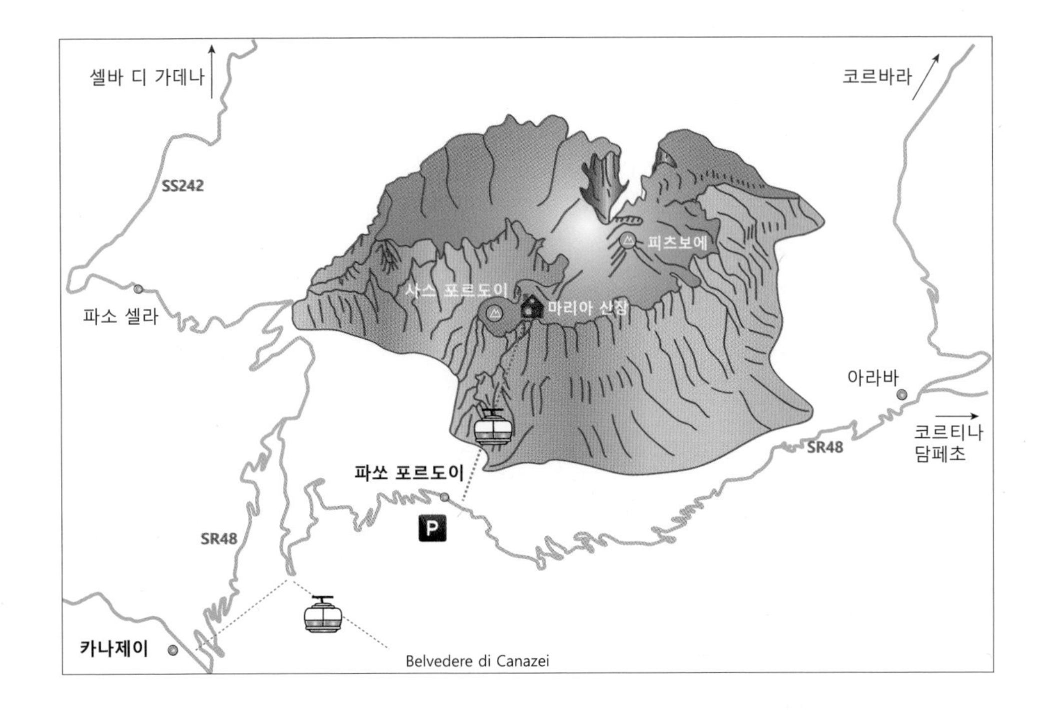

개까지는 무려 28개의 헤어핀 굴곡이 있다. 이 고개는 볼차노와 코르티나를 연결하고 라딘 계곡 관광 개발을 장려하기 위해 20세기 초에 건설된 돌로미티의 4개 고개 중 하나이다.

포르도이 고개는 코르티나 담페초에서 46㎞ 떨어진 거리로, 팔자레고 고개를 거쳐 약 1시간 30분 정도 걸리는 곳에 있다. 이곳에서 케이블카를 타면 셀라 산군의 거대한 산 정상에 오를 수 있다.

사스 포르도이 *Sass Pordoi* 봉우리까지 가는 방법은 케이블카를 이용하면 된다. 1962년에 건설된 케이블카는 사스 포르도이의 최고봉까지 단 4분 만에 700m를 쉽게 올라가 정상 부근에 도달할 수 있다. 또한 다른 방법으로는 정상까지 하이킹 투어로 등반하는 것인데, 쉬운 경로는 남쪽에서 지그재그 형태로 동쪽 포르셀라 포르도이 *Forcella Pordoi* 를 거쳐 정상까지 오르는 경로이며, 많은 등산객이 이 길을 오르며 도전하고 있다.

케이블카를 타고 해발 2,239m의 포르도이 고개에서 2,950m의 사스 포르도이 봉

포르도이 산 정상에서 본 모습. 우측 가장자리 바로 앞에는 셀라 그룹 산군이 뒤쪽으로는 사쏘 룽고 산군이 또렷이 보인다.

우리까지 올라가면서 아래를 내려다보면 웅장한 풍경과 함께 많은 사람이 걸어서 올라가는 모습도 보인다.

케이블카로 사스 포르도이에 도착하여 외부로 나가면 돌로미티의 중심에 있는 셀라 산군에서 가장 높은 봉우리인 피즈 보에*Piz Boe*(3,152m)가 보인다.

케이블카 승강장

정상에 오르면 의외로 뾰족 봉우리가 아닌 평탄한 고원 지역이 펼쳐진다. 이곳에는 이 지역 관광의 선구자인 마리아 피아즈*Maria Piaz*의 이름을 딴 리프 마리아 산장이 있으

우측의 가장 높은 산봉우리가 피즈 보에(3,152m) 산이다.

며, 산장의 넓은 테라스는 주변의 역동적인 산군들의 모습을 파노라마 형태로 볼 수 있는 전망대로서 충분한 역할을 한다.

사스 포르도이 정상에 있는 전망대에서 보는 주변 경치는 숨이 멎을 것 같다. 이곳에서는 놀랍게도 직접 눈으로 전체 돌로미티 알파인 산맥의 360° 전망을 즐길 수 있다.

서쪽으로 알페 디 시우시와 카티나치오 *Catinaccio* 산군이 보이고, 남쪽에는 발 디 파사 *Val di Fassa* 계곡과 돌로미티 최고봉인 마르몰라다 빙하가 보이며, 동쪽에는 셀라 그룹과 가장 높은 봉우리인 피즈 보에 *Piz Boè*가 보인다.

케이블카에서 내리면 많은 사람이 널찍한 바위 벌판을 가로질러 건너편 3,152m의 피즈 보에 봉우리로 트레킹을 떠나는 모습을 볼 수 있다. 산장에서 나와 좌측, 즉 서쪽으로 100m 정도 이동하면 철골 구조물로 만든 십자가가 설치된 곳에 도착하며, 이 십자가 왼쪽에는 거대한 천연 아치가 있다. 불과 몇 분이면 도착할 수 있는 곳에 이런 거대 자연 지형이 있다는 것이 신기하다. 이 아치는 앞부분이 함몰되어 생성된 자연 아치이다. 아치의 좌측에는 단층선이 뚜렷해 곧 무너져 사라질지도 모른다는 생각에 아쉽기도 하다. 아치 속으로 내려다보이는 구불구불한 포르도이 고갯길 풍경이 일품이다.

아치에서 아래로 백여 미터만 내려가면 포르도이 산군의 서쪽 끝 절벽지점에 도달한다. 이 난간 바위에 아슬아슬하게 혼자 앉아서 돌로미티의 장관을 감상하는 사람을 쳐다만 봐도 뭔가 가슴이 벅차오른다. 이곳에서 잠시 서서 거대하고 거친 셀라 그룹과 사쏘 룽고 산군의 봉우리들을 감상해 보면 바로 옆에 있는 듯 가까움을 느낄 수 있다.

이곳에서의 특이한 볼거리는 이곳 지형이 수직 절벽인 것을 이용해 윙 슈트를 입고 자유낙하를 하는 사람들을 보는 것이다. 절벽 아래를 내려다보는 것조차 아찔한

자연 아치 속으로 보이는 파쏘 포르도이 고개

데 주저하지 않고 뛰어 날아가는 모습에 마치 간접 경험을 한 듯 매우 황홀하고 놀랍기만 하다.

사스 포르도이는 3,000m가 되는 거대한 산이지만 정상은 평탄한 고원지대라 특이하면서 걷기에도 어렵지 않다. 이제 동쪽 방향, 즉 마리아 산장으로 걸어간다. 산장을 통과하여 나가자마자 넓은 테라스 전망대가 보인다. 이곳에서 남쪽을 바라보면 돌로미티의 360° 파노라마를 볼 수 있는데, 광활하고 웅장한 풍경이 시야에 가득 들어온다. 이 전망대에서는 남쪽 방향으로 빙하가 압권인 마르몰라다가 정면에 보이고, 앞에 펼쳐진 초원에는 다양하고 작은 트레일이 거미줄처럼 얽혀 있는 것을 볼 수 있다.

땀을 흘리지 않고도 쉽게 올라와 웅장한 돌로미티의 360° 파노라마를 볼 수 있는

사진 중간 뒷부분에 빙하가 압권인 마르몰라다 산이 잘 보인다.

파쏘 셀라의 별. 2019.
(Nikon D850 / Aperture f2.8 / ISO 3,200 / Focus Length 14mm / Sutter speed 30s)

이곳은 자연의 웅대함과 광활한 풍경으로 가득한 곳이다.

여름철의 포르도이는 하이킹, 등산, 걷기를 위한 완벽한 출발점이 되는데, 특히 비엘 달 판 *Viel dal Pan* 트레킹의 시발점이 된다. 이 도로는 빵 상인들이 트렌티노 *Trentino* 와 베네토 *Veneto* 사이를 여행할 때 사용했던 고대 도로이다.

Sasso Lungo

사쏘 룽고

가는길

- 카나제이에서 13㎞ 떨어진 곳에 있어 자동차로 30분 정도 소요된다.
- 오르티세이에서는 약 18㎞로 자동차로 30분 정도 소요된다.
- 코르티나 담페초에서는 57㎞ 거리, 자동차로 1시간 30분 소요된다.

케이블카 운행 정보

- 시간: 6월 중순부터 10월 초까지
08:15~17:00 수시 운행
- 고도차: 2,240~2,948m
- 비용: 왕복 16유로,
편도 14유로

주차

- 주차장 바닥이 비포장인 데다 평탄치 않아 다소 불편하다.
- 비용: 하루 8유로(처음 3시간은 시간당 2.5유로, 다음 3시간은 시간당 1.5유로, 6시간 이후에는 시간당 0.5유로)

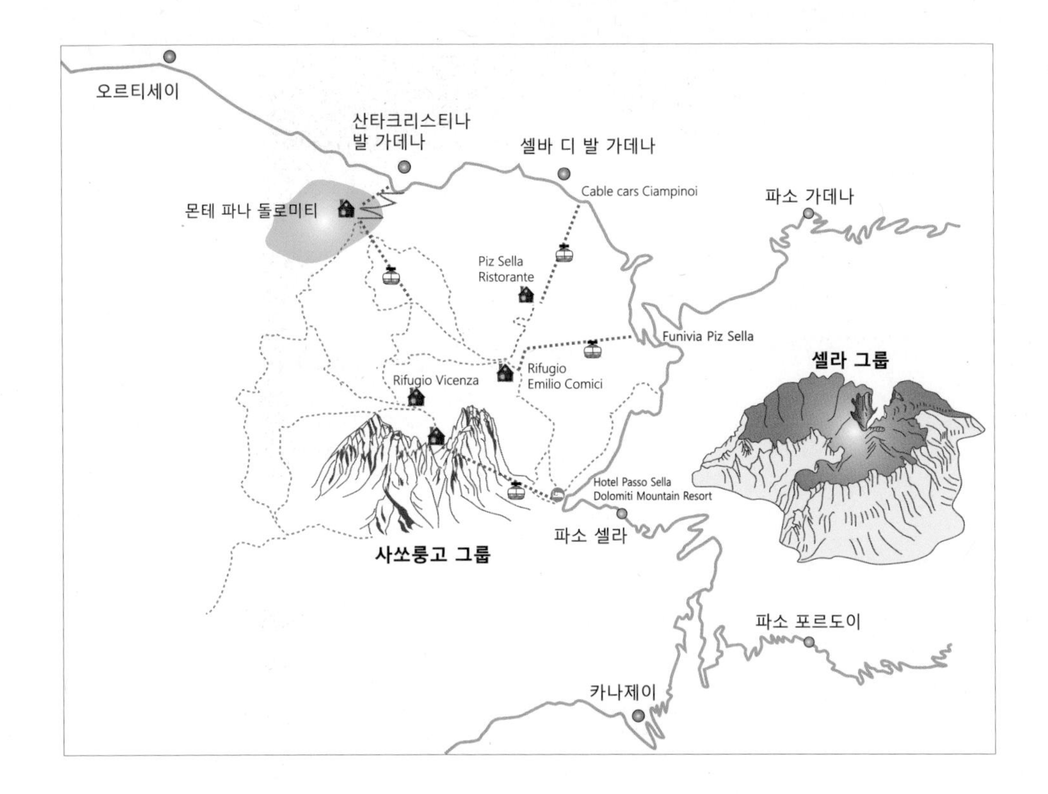

사쏘 룽고 그룹은 발 가르데나*Val Gardena*, 발 디 파사*Val di Fassa*, 셀라 그룹, 카티나치오*Catinaccio*(로젠가르텐 그룹) 및 실리아르*Sciliar*와 접해 있는 산맥이다. 이탈리아어와 라딘어로 사쏘 룽고(3,181m)는 '긴 돌', 사쏘 피아토(2,956m)는 '평탄한 돌'을 의미한다. 북서쪽에서 남동쪽으로 폭 1km 정도 뻗어 있으며 동쪽으로는 산맥이 알페 디 시우시*Alpe di Siusi* 와 접해 있는 발 가르데나 지역의 대표적 명소이다.

산의 남동쪽 봉우리인 사쏘 룽고는 전체 사쏘 룽고 그룹의 절반을 차지할 정도로 거대한 산봉우리이다.

사쏘 룽고 그룹의 봉우리들

사쏘 룽고 그룹은 방향에 따라 봉우리 개수가 달라 보이는데, 북쪽에서 바라보면 일반적으로 U자 모양이다. 북쪽에서는 좌측에 거대한 봉우리가 사쏘 룽고(3,181m), 중앙의 작은 봉우리가 푼타 친퀘디타*Punta Cinquedita*(2,918m), 옆이 푼타 그로만*Punta*

북쪽에서 바라본 사쏘 룽고 그룹

Grohmann(3,126m), 가장 우측 봉우리가 사쏘 피아토(2,956m)이다.

남쪽에서, 즉 셀라 고개 방향에서 사쏘 룽고 그룹을 바라볼 때는 좌측 봉우리가 푼타 그로만, 푼타 친퀘디타, 사쏘 룽고의 거대한 3개의 봉우리로 보인다. 친퀘디타와 사쏘 룽고 봉우리 사이의 골짜기 능선 부근에 포르첼라 사쏘 룽고가 있다.

사쏘 피아토는 서쪽 끝의 뒷부분에 있어 남쪽 방향인 파쏘 셀라에서는 푼타 그로만에 가려 보이지 않는다. 알페 디 시우시를 가로질러 하이킹할 때 보게 되는 봉우리이다.

사쏘 룽고 다음으로 솟아오른 주요 봉우리는 사쏘 레반테*Sasso Levante*로 불리는 푼타 그로만으로 높이는 3,126m이다. 1875년에 이 산은 오스트리아의 산악인 파울

남쪽에서 바라본 사쏘 룽고 그룹

그로만 *Paul Grohmann*(1838~1908)의 이름을 따서 명명되었으나 사실 그로만은 5년 후에나 이 봉우리를 처음으로 등반했다. 오늘날 푼타 그로만은 돌로미티의 유명한 등반 봉우리이며 남쪽 벽을 가로지르는 코스가 가장 인기 있는 경로이다.

발 가르데나의 랜드마크 사쏘 룽고의 생성

약 2억 3천만 년 전에 사쏘 룽고 그룹은 돌로미티의 다른 산들과 마찬가지로 열대 산호초에서 형성되었다. 이후 아프리카판과 유라시아판의 충돌에 의한 지각변동으로 융기하여 높은 산맥이 된 후 풍화와 침식 과정을 거쳐서 지금의 모습을 갖추게 되었다. 이 사쏘 룽고는 수많은 포스터와 전설적인 등산 영화에서 볼 수 있으며 매년 이 독특한 봉우리의 매력에 빠지는 수천 명의 관광객을 돌로미티로 끌어들인다.

알페 디 시우시에서 바라본 사쏘 룽고 그룹. 골짜기를 기준으로 좌측이 사쏘 룽고, 우측이 사쏘 피아토이다.

사쏘 룽고의 탐험

이 지역을 탐험하는 가장 좋은 방법은 전체 사쏘 룽고 대산괴를 도보로 일주하는 것이다. 매우 힘든 도전적인 17.6㎞ 서킷이지만 끊임없이 변화하는 전망과 완벽하게 배치된 몇 개의 산장이 있어 훌륭한 당일 하이킹 코스이므로 시간과 체력이 있으면 도전해 보아도 된다. 셀라 그룹, 돌로미티 최고봉인 마르몰라다, 유럽에서 가장 큰 고산지대인 알페 디 시우시의 멋진 전망을 감상할 수 있다.

정상은 암벽타기가 아닌 남서쪽 벽을 가로지르는 일반 경로를 통해 접근할 수 있지만 하이킹 시간이 9시간 이상으로 상당히 먼 거리이다.

사쏘 룽고의 특이점

사쏘 룽고는 해발 3,181m에 있는 가장 인상적인 봉우리이다. 사쏘 룽고 정상까지의 루트는 1869년 폴 그로만에 의해 처음 등반 되었다. 플라비오 판체리 *Flavio Pancheri*가 조각한 3.20m 높이의 성모상이 사쏘 룽고의 동쪽 면에 걸려 있다.

파쏘 셀라에서 포르첼라 델 사쏘 룽고까지 올라가는 특이하게 생긴 2인승의 곤돌라가 운행 중인데, 마치 통돌이 같이 기다란 모양이다. 이름은 텔레캐비나 사쏘 룽고 *Telecabina Sassolungo*인데, 이 곤돌라는 원래 1972년에 건설되었으며 높이는 길지만 폭이 좁은 모양 때문에 종종 '관 리프트'라고 불린다. 이 곤돌라는 수평 거리 1,522m, 고도 493m의 경사 오르막을 오른다.

이 곤돌라 시스템은 구축한 지 40년이 넘어 최첨단 기술을 갖추고 있지는 않지만, 안전하고 효율적으로 운영되고 있어 겁을 낼 필요는 없다. 이 곤돌라는 승차 시 속도 조절이 되지 않아 2명이 빠르게 올라타고 내려야 하며, 밖에서 관리자들이 잠가 주는 형태이다. 이곳에서만 볼 수 있는 형태의 곤돌라이므로 타보는 재미가 있다. 곤돌라를 타고 올라가면서 아래를 내려다보면 바위들이 마치 숲처럼 가득하다. 아래에는 역시 험한 길을 등반하는 사람들이 보인다. 오르는 길은 지그재그로 잘 만들어져 있지만 실제 걸어 보면 고난도의 경사가 있는 길로 체력이 뒷받침되어야 한다.

포르첼라 델 사쏘 룽고에 도착하면 사쏘 룽고의 봉우리와 왼쪽 다섯 손가락 모양

의 친퀘 디타 사이에 토니 데메츠 산장*Rifusio Toni Demetz*(2,685m)이 자리 잡고 있다. 사쏘 룽고는 일반적으로 숙련되지 않은 사람들이 등반하기에는 길이 험하고 경사가 높아 토니 데메츠 산장 주변만 돌아보다가 오는 사람들이 많지만, 이곳에서도 충분히 멋진 경치를 감상할 수 있다. 포르첼라 델 사쏘 룽고에서 곤돌라를 타지 않고 북쪽으로 넘어가는 길은 시간이 많이 소요되지만 도전할 만하다.

토니 데메츠 산장

페콜 – 콜 데이 로시 구간 케이블카에서 찍은 사쏘 룽고 그룹

사쏘 룽고 루프 트레킹

- 이동 거리: 11.3㎞
- 소요 시간: 3시간
- 고도차: 2,685~2,000m(포르첼라 델 사쏘 룽고~파쏘 셀라)
- 난이도: 중

www.valgardena.it/en/outdoor/base/outdoor/sassolungo-circuit/16420519/#dm=1

사쏘 룽고 그룹을 트레킹할 때는 일정, 체력 수준 및 하이킹 시작 위치에 따라 달라지기 때문에 자신의 조건에 맞는 방법을 선택한다. 사쏘 룽고 루프는 완전한 고리 형태이기 때문에, 이론적으로는 어느 방향으로 시작하여 걷든지 동일하게 도착하게 되므로 자신이 원하는 방향으로 출발할 수 있다.

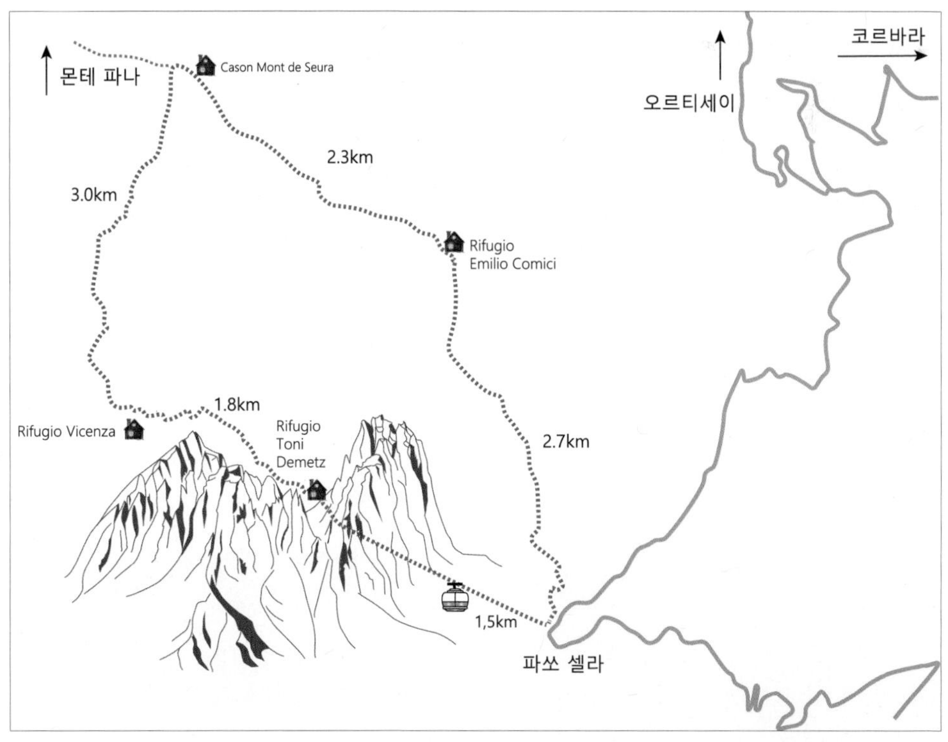

사쏘 룽고 루프 트레킹

이 트레킹은 포르첼라까지 곤돌라를 타고 올라가서 이곳에서부터 순환고리를 내려가는 일정이다. 첫 번째 길은 토니 데메츠 산장에서 비첸차 산장까지 가는 길로 거리가 약 1.8km 정도 된다.

사쏘 룽고 그룹의 중심부에 있는 북쪽 하부의 절벽으로 이루어진 원형 극장 형태의 장소에 도달할 때까지는 어느 정도의 자신감이 필요한 가파르고 힘든 내리막길로 시작된다. 오른쪽과 왼쪽에는 장관을 이루는 돌로미티 절벽이 수백 미터 높이로 솟아 있어 이 놀라운 암석층을 보면 갑자기 자신이 아주 작은 존재라는 느낌을 받을 수도 있다.

처음 몇백 미터가 지나면 더욱 평탄해지며 길은 계곡 위로 완만하게 이어진다. 첫 번째 휴식을 위한 장소로는 비첸차 산장 *Rifugio Vicenza*(2,253m)이 좋다. 이곳에서 잠시 쉬고 계속 아래쪽으로 코미치 *Comici* 산장 표지판을 보고 걸어야 한다.

콜 데 메스데 *Col de Mesdì*(2,114m)로 이어지는 길을 따라 한동안 다양한 풍경을 따라 걷게 된다. 여기에서는 돌로미티에서 가장 높고 인상적인 봉우리 중 하나인 사쏘 룽고 북쪽 절벽의 놀라운 전망을 즐길 수 있다.

산 바로 아래로 몇백 미터를 526A 길을 따라 걷다가 약간 더 평평한 트레일 526 길로 계속 걷는다. 비첸차 산장에서 중간에 카손 몬트 세우라 *Cason Mont de Sëura*를 거쳐 코미치 산장까지는 약 5.1km로 1시간 40분 정도 소요된다. 이곳에서 파쏘 셀라로 가는 마지막 코스를 가기 전에 휴식을 취할 수 있다.

마지막 코스는 약 2.7㎞의 거리로 40분 정도 소요된다. 800m 정도 걸어가면 갈림길이 나온다. 우측 길은 넓은 길이고, 좌측 길은 한 사람만이 걸을 수 있는 오솔길이다. 오솔길을 선택하면 다양한 바윗덩어리들로 이루어진 치타 데이 사시*Città dei Sassi*(바위의 도시)를 통해 파쏘 셀라로 돌아갈 수 있다.

사쏘 룽고의 별. 2019.
(Nikon D850 / f2.8 / ISO 2,000 / Focus Length 14mm / Sutter speed 30s)

Viel Dal Pan

비엘 달 판

가는길

- 리프트를 타는 페콜까지 오르티세이에서 26㎞, 40분 정도 소요된다. 파쏘 셀라를 지나가니 급커브에 조심해야 한다.
- 코르티나 담페초에서는 52㎞, 1시간 20분 정도 소요된다.
- 카나제이에서는 직접 리프트를 타는 것이 편리하다.

케이블카 운행 정보

- 곤돌라: 카나제이 ⋯› 페콜 벨라비스타 ⋯› 콜 데이 로시로 이동할 수 있다.
- 페콜에서 리프트를 이용하여 콜 데이 로시까지 이동할 수 있다.
- 페콜-콜 데이 로시 리프트: 왕복 25유로, 이동 시간 6분

주차

- 페콜 곤돌라 앞에 몇 대의 무료 주차 공간이 있다.
- 파쏘 포르도이 주차장을 이용한다면 주차 공간은 넓지만, 유료 주차를 해야 한다.

비엘 달 판 트레킹은 오른쪽으로는 마르몰라다*Marmolada*를, 왼쪽으로는 사쏘 룽고*Sassolungo* 산군과 셀라 산군*Sella Group*을 두고, 초원 위로 만들어진 흙길을 따라 걸으면 되는 곳이다.

비엘 달 판 트레킹은 파돈 체인*Padon Chain*의 남쪽 경사면을 가로지르는 경로로 돌로미티 최고봉인 마르몰라다(3,343m)의 빙하를 바라보며 걸을 수 있는 아름답고 쉬운 트레킹 코스이다.

비엘 달 판*Viel dal Pan*은 영어로 "Bread Way", 즉 "빵의 길"로 번역되는데 밀가루 상인들이 중세 후기 베네치아 공국의 과도한 세금을 피하기 위해 곡식 등을 밀거래하기 위해 이용하던 옛 지름길이었다.

비엘 달 판 트레킹

- 이동 거리: 3㎞
- 소요 시간: 왕복 3시간
- 고도차: 콜 데이 로시(2,382m)~비엘 달 판 산장(2,432m)
- 난이도: 매우 쉬움

비엘 달 판 트레킹은 대표적으로 두 가지 시작점이 있다.

첫 번째 출발점은 카나제이와 아라바 *Arabba*를 연결하는 파쏘 포르도이에서 시작하는 방법이다.(파란 선 ①) 이곳에서 중간 기점인 프레다로라 산장 *Rifugio Fredarola*(2,388m)까지는 약 1.5㎞의 경사로를 올라가야 한다. 즉, 두 번째 출발점보다 좀 더 먼 경사로를 올라가야 한다는 것이다.

두 번째 출발점은 파쏘 포르디에서 5㎞ 정도 서쪽으로 내려가면 페콜 *Pecol* 지역의 벨라비스타 호텔 *Hotel Bellavista* 근처에 곤돌라 승강장이 있다. 이곳에서 페콜 *Pecol*–콜 데이 로시 *Col dei Rossi* 곤돌라를 타면 1,932m에서 2,382m 고도의 콜 데이 로시까지

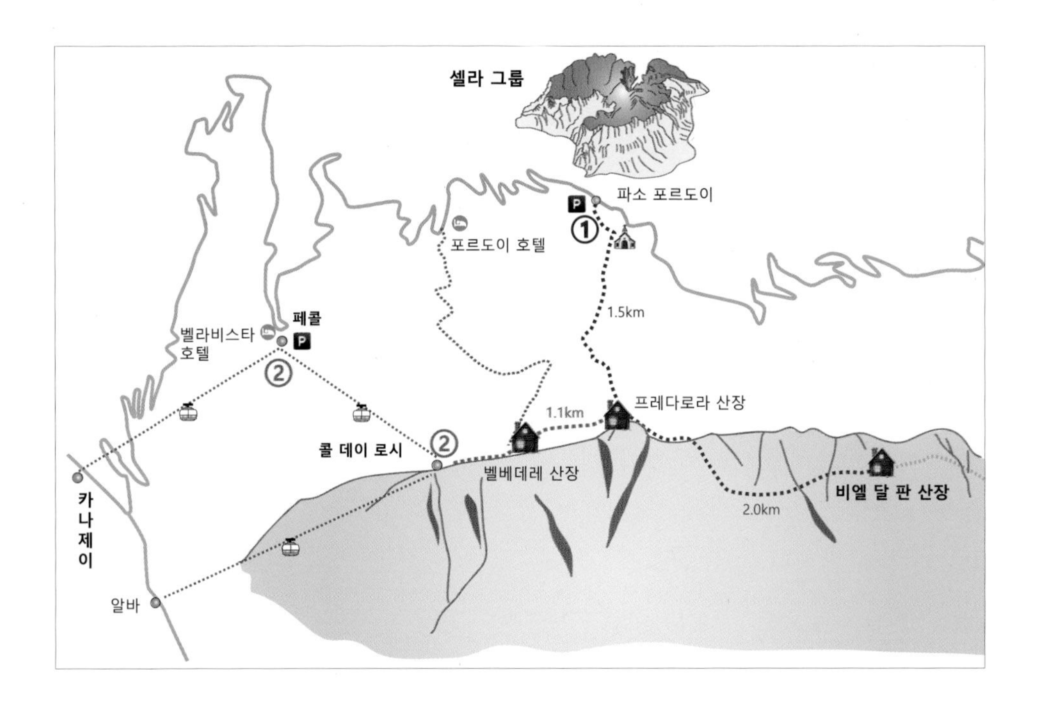

오른쪽 능선 끝에 있는 승강장이 트레킹의 출발지인 콜 데이 로시이다.

오르게 된다.(녹색 선 ②) 이곳에서 중간 기점인 프레다로라 산장까지는 평탄한 길을 약 1㎞ 정도 걸으면 도달한다. 즉, 곤돌라를 이용하여 좀 더 평탄하고 가까운 길을 걷게 되는 것이다.

어느 지점에서 시작하든지 비엘 달 판 트레일은 비엘 달 판 산장을 거쳐 페다이아 호수*Lago di Fedaia*가 최종 목적지가 된다. 비엘 달 판 산장에서 능선을 따라 2㎞ 정도 더 걸은 후 아래로 내려가면 호수에 도달한다. 단체 등산객들은 보통 페다이아 호수까지 도착한 후 다시 버스로 되돌아간다.

자동차를 이용한다면 다시 돌아가야 하므로 페다이아 호수보다는 벨베데레 산장과 프레다로라 산장을 거쳐 총거리가 3.1㎞ 정도 떨어진 비엘 달 판 산장까지 왕복하는 트레킹을 하는 것이 좋다. 비엘 달 판 산장까지는 편도로 1시간 30분 정도 걸리니 왕복 시간은 3시간 정도, 쉬는 시간까지 4시간 정도 잡으면 충분하다.

좌측에 구름에 가려진 사쏘 룽고 그룹, 우측에 거대한 셀라 그룹을 바라보며 걷게 된다.

출발 지점도 카나제이에서 출발한다면 리프트를 타고 페콜에서 곤돌라로 갈아타면 된다. 출발 지점이 페콜일 경우 차량을 페콜에 있는 벨라비스타 호텔 옆에 있는 무료 주차장에 주차하고 곤돌라를 이용하여 콜 데이 로시까지 올라가면 된다.

콜 데이 로시에서 내리면 바로 옆에 콜 데이 로시 전망대*Belvedere Col dei Rossi*에서 파노라마 장면을 감상할 수 있다. 이곳에서는 장엄한 마르몰라다 산군과 목적지 근처의 페다이아 호수가 보인다. 이제 트레킹을 시작하여 벨베데레 산장*Chalet Belvedere* 방향으로 걷는다. 길은 약간의 경사는 있지만 넓고 평탄하여 걷기에 최적의 환경이다. 트레킹의 좌측 정면을 바라보면 왼쪽에는 구름에 감싸인 사쏘 룽고 그룹이, 오른쪽에는 거대한 셀라 산군이 위용을 자랑하며 풍경이 펼쳐진다.

거대한 산군들을 바라보며 산 정상의 길을 약 500m 정도 걷게 되면 벨베데레 산장에 도착하게 된다. 벨베데레 산장은 이른 시간에는 사람들이 많이 보이지 않지

리모델링 전 프레다로라 산장. 2019.

벨베데레 산장

만, 오후가 되면 사람들로 가득 붐비는 곳이다. 벨베데레 산장을 지나면 곧바로 갈림길이 나오는데 아래쪽 길을 선택한다. 600m 정도 더 걸어가면 2023년에 리모델링하여 좀 더 규모가 커지고 튼튼하게 지어진 프레다로라 산장을 볼 수 있다. 프레다로다 산장을 지나서 뒤를 돌아보면 제법 이동한 거리가 느껴져 곤돌라를 내린 곳이 아주 작게 보이지만 주변 경관과 조화를 이루며 아름다운 경치를 보여 준다.

비엘 달 판 트레킹의 좋은 점은 파돈 체인 남쪽 능선을 평탄하게 걸으며 아름다운 마르몰라다를 감상할 수 있다는 것이다. 이 트레킹은 우측에 빙하를 품은 마르몰라다 산군이 위용을 자랑하는 모습을 보고 걷게 된다. 중간중간에 보이는 야생화와 마르몰라다의 풍경은 눈을 떼지 못하게 만든다.

프레다로라 산장에서 1㎞ 정도 걸어 돌아서면 마르몰라다 산군의 위용과 아름다운 페다이아 호수가 보이기 시작한다. 조금 더 걸어 왼쪽으로 회전하면 좌측 길 끝에 목적지인 비엘 달 판 산장이 보이기 시작한다.

이 길은 쉬운 트레킹이므로 중간마다 경치를 감상하며 사진을 찍고 여유 있게 자연을 감상하며 걷는다.

드디어 비엘 달 판 산장(2,432m)에 도착한다. 비엘 달 판 산장은 마르몰라다를 코앞에 두고 있는 산장으로 마르몰라다 산의 빙하가 바로 앞에 있어 빙하를 관찰하기에 최적의 장소이다. 다시 찾아가 본 비엘 달 판 산장은 몇 년 전과 비교해 보면 바닥데크와 난간 보호대도 만들어 예전보다 튼튼하고 산뜻하게 리모델링을 해서 편리하고 자연과도 잘 어울린다.

낮에 도착한다면 많은 사람이 찾는 트레킹이라 산장에는 사람이 많아 앉아있을 자리조차 찾기 어렵고 식사할 장소도 마땅치 않다. 예전에는 비가 오고 흐린 날씨 영향인지 사람들이 붐비지 않고 한가해서 에스프레소 한 잔을 마시며 마르몰라다를 감상했던 낭만도 가져볼 수 있었지만, 맑은 날의 산장은 붐비는 등산객들로 가득해 오래 머물 수가 없다.

구름을 배경으로 보이는 비엘 달 판 산장

2019년 비엘 달 판 산장에서 촬영한 마르몰라다

2019년 7월 비엘 달 판 산장

2023년 7월 비엘 달 판 산장

이 산장의 장점은 돌로미티 최고봉인 마르몰라다의 빙하를 최단 직선거리로 볼 수 있다는 것이다. 산장에서 웅장한 마르몰라다의 모습을 보며 쉬어 보는 것도 좋다.

출발지로 돌아가는 트레킹은 올 때와 같은 길을 걷게 되지만 보이는 모습은 전혀 다른 느낌이다. 마치 처음 보는 경치처럼 너무 아름다워서 풍경에 집중하게 된다. 사진에서 보는 것과 같이 파란 하늘과 더불어 더 이상 좋을 수 없는 최적 온도이기에 걷는 것이 즐겁다.

제법 많이 걸어서 얼마 남지 않는 곤돌라 승강장을 바라보니 목적지가 다가오는 아쉬움이 있지만, 오고 가는 길에 아름답게 핀 야생화가 지천이어서 꽃들에 집중하며 걷는 것도 마냥 즐겁다. 야생화 핀 산비탈 초원과 마르몰라다 설산의 조합은 예상했던 것보다 훨씬 더 근사해서 구경하느라 시간이 계속 지체된다.

프레다로라 산장에 도착하면 파쏘 포르도이와 콜 데이 로시로 내려가는 갈림길이 나온다. 출발한 곳을 향해 길을 따라 걸으면 된다. 다시 돌아온 벨베데레 산장은 오전에는 한가했지만, 돌아가는 사람들과 새로 트레킹을 시작하는 사람들로 가득하다. 멋진 구름이 휘돌아 감아 풍경의 깊이를 더한다.

페다이아 호수와 마르몰라다 산군

돌로미티의 대표 야생화인 실레네 Silene 'Bulgaris',
실레네는 말냉이장구채라 불린다.

수염 달린 초롱꽃 Bearded Bellflower 군락,
초롱 입구에 털이 없으면 일반 초롱꽃이다.

SUMMARY

Marmolada

마르몰라다

가는길

- 카나제이에서 19㎞ 거리로 자동차로 30분 정도 소요된다.
- 코르티나 담페초에서는 46㎞, 자동차로 1시간 10분, 오르티세이에서는 49㎞, 1시간 40분 정도 소요된다.
- 오르티세이에서는 셀라 패스, 포르도이 패스, 페다이아 패스를 넘어야 하므로 거리보다 시간이 많이 소요된다.

케이블카 운행 정보

- 코스: 말가 치아펠라~푼타 로카
- 시간: 09:00~16:30
- 고도차: 1,450~3,265m
- 소요 시간: 12분
- 비용: 왕복 성인 38유로,
  어린이 22유로

주차

- 케이블카 승강장 바로 앞 주차장이 있다.
- 비용: 무료

마르몰라다*Marmolada* 그룹은 돌로미테의 지리적 중심에 있어 가르데나, 바디아, 파사, 리비날롱고*Rivinalongo*, 암페초 등 다섯 개의 이웃 계곡에 사는 라딘 공동체의 중심에 위치한다. 또한 오스트리아나 독일의 남쪽뿐만 아니라 이탈리아의 남쪽과 북쪽 모두에서 편리하게 접근할 수 있는 지리적 장점을 가지고 있다.

마르몰라다는 돌로미티에서 가장 높은 산봉우리로 '돌로미티의 여왕*la regina delle Dolomiti*'으로 알려진 것처럼 돌로미티산맥에서 꼭 봐야 할 최고의 장소 중 하나로 간주된다.

마르몰라다의 위치 및 경관

마르몰라다 그룹은 다른 유명한 산군들과 돌로미티의 봉우리들로 둘러싸여 있다. 둘러싸인 산군들은 북쪽으로는 셀라 그룹, 남쪽으로는 팔레 디 산 마르티노*Pale di San Martino*, 동쪽으로는 안텔라오*Antelao*, 치베타*Civetta*, 펠모스톡*Pelmostock*, 서쪽으로는 사쏘 룽고*Sassolungo* 등이다.

마르몰라다는 돌로미티의 중심부에 위치하는 고도가 높고 규모가 큰 산군이라 정상에 오르면 화창한 날씨에는 주변의 모든 산이 선명하게 보인다. 마르몰라다는 빙하를 제외하고는 이웃한 셀라 그룹, 트레 치메 디 라바레도, 키몬 델라 팔라

*Cimon della Pala*와 같은 돌로미티의 다른 산들만큼 풍경도 독특하거나 두드러져 보이지 않는데, 그 이유는 매우 크고 넓은 산이기 때문이다. 마르몰라다는 두 지역에 걸쳐 있는데, 총면적이 2,208㏊로 면적이 더 큰 서쪽 부분은 트렌티노 지역에 위치하고 면적이 작은 동쪽 부분은 베네토 지역에 속한다.

마르몰라다 그룹은 3,000m가 넘는 여러 정상으로 구성된 돌로미티 최고봉들로 이루어진 대산군이다. 능선은 서쪽에서 동쪽으로 고도가 감소하는 여러 개의 정상으로 구성된다. 푼타 페니아*Punta Penia*(3,343m), 푼타 로카*Punta Rocca*(3,309m), 푼타 옴베르타*Punta Ombretta*(3,230m), 몬테 세라우타*Monte Serauta*(3,069m), 피쪼 세라우타*Pizzo Serauta*(3,035m) 등의 봉우리로 이루어졌다.

마르몰라다의 형태

돌로미티의 가장 높은 산인 마르몰라다를 첫눈에 보았을 때는 그리 높게 보이지 않는다. 특히, 북쪽 사면에서 보았을 때는 더욱 높아 보이지 않는데 그 이유는 마르몰라다 북쪽 사면의 고도 시작점이 이미 2,000m 고도에 있기 때문이다.

마르몰라다 경관을 돋보이게 하는 페다이아 호수가 해발 2,000m의 고원 호수임을 알면 이해가 더욱 쉬울 것이다. 북쪽

오른쪽 봉우리가 마르몰라다 최고봉인 푼타 페니아(3,343m)이다.

사면은 경사가 완만하지만 거대한 타원형의 빙하가 덮인 경사면이다. 한편, 마르몰라다의 남쪽 방향은 높이가 1,000m가 넘는 수직 절벽으로 이루어져 있어 아래에서 쳐다보면 엄청난 위용을 느낀다. 이 남쪽 절벽 사면은 등산가들 사이에서 등반하기 매우 어려운 곳으로 널리 알려졌지만, 많은 도전이 이루어지고 있다.

마르몰라다 빙하 *Marmolada Glacier*

마르몰라다 빙하는 면적이 약 1.6㎢로 돌로미티에서 가장 크고 유일한 빙하로, 여름뿐만 아니라 일 년 내내 존재하는 영구적인 빙하이다. 그렇지만 지구 온난화로 인해 빙하가 빠른 속도로 녹아내리고 있는데 지난 70년 동안 마르몰라다는 빙하 면적을 약 80%나 잃었다.

2020년 8월 파도바 대학의 과학자들에 의해 발표된 연구 결과는 마르몰라다의 빙하가 불과 15년 안에 완전히 녹을 것이라는 충격적인 내용이었다. 단적인 예로 2022년 7월 3일 마르몰라다에서 큰 빙하 덩어리가 떨어져 나와 등반객들을 덮쳐 최소 6명이 숨지고 15명이 실종된 자연재해가 국내 방송에도 연이어 노출되었다.

마르몰라다 리프트

돌로미티의 360°의 전망을 보려면 가장 높은 마르몰라다 테라스보다 좋은 곳은 없다. 마르몰라다는 유네스코 세계문화유산에 포함된 곳으로 케이블카를 타고 접

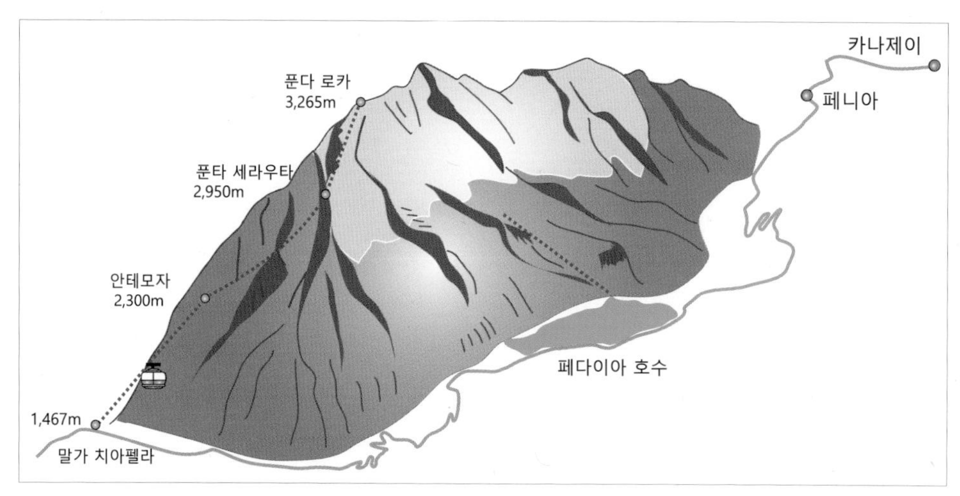

마르몰라다와 리프트

근할 수 있어서 방문하기 쉬운 곳이다. 케이블카를 타면 승강장(1,450m)에서 정상(3,265m)까지 힘들이지 않고 쉽게 올라가게 된다. 여름에 방문한다면 이 짧은 여행을 통해 더운 여름 기온과 푸르른 풍경부터 하얀 겨울 풍경, 심지어 눈까지 만나볼 수 있다.

현재의 리프트를 완성하기 위해서는 여러 단계의 노력이 필요했다. 현재는 케이블카의 출발점인 말가 치아펠라*Malga Ciapela*에서 단 12분 만에 로카 푼타 정상에 편안하게 도달할 수 있게 되어 사람들이 빙하와 아름다운 경치를 쉽게 감상할 수 있게 되었다. 처음 시작은 1963년과 1965년 사이에 시간당 400명을 태울 수 있는 케이블카 프로젝트였다.

1969년 오늘날의 두 번째 역인 푼타 세라우타*Punta Serauta*까지 공사가 시작되었다. 그 시대의 열악한 기술과 산괴의 단단한 암석으로 인해 험난한 공사였지만, 이를 극복하고 완성된 리프트는 독특할 정도로 큰 가치와 칭송을 얻게 되었다. 안테르모자*Antermoja*는 마르몰라다에 가기 위한 첫 번째 곤돌라 역으로 내릴 수는 없고 두 번째 케이블카로 갈아타기 위한 정류장으로 활용된다.

두 번째 곤돌라를 타면 세라우타(2,950m)에 도달하게 된다. 이곳에는 멋진 전망을 가진 레스토랑, 기념품 판매장, 화장실이 있고, 유럽에서 가장 높은 박물관이며 작은 전쟁기념관인 '마르몰라다 그레이트 워 3000m*Museum Marmolada Great War 3000m*'를 관람할 수 있다. 이곳 카페에서 주변 경관을 바라보며 차를 마시고 여유를 즐겨 보

말가 치아펠라

두 번째 역 푼타 세라우타

마지막 역인 푼타 로카

는 것도 좋은 선택이다. 세라우타 케이블카 정류장에서는 밖으로 나가 주변의 아름다운 전망을 감상할 수도 있다.

케이블카의 마지막 역인 높이 3,265m의 푼타 로카까지 올라가는 세 번째 케이블카 공사는 1970년에 완성되었고, 그 후 스키 관광에 더 많은 발전을 제공하기 위해 근처에 다른 리프트가 건설되었다.

마르몰라다 테라스

푼타 로카는 날씨가 안 좋아 구름이 낀 날이 많지만, 조금만 기다려도 구름은 사라지고 시야가 열리는 경우가 허다한 곳이다. 이곳 돌로미티의 가장 높은 산봉우리에서 사방이 오픈된 탁 트인 360° 전망과 이탈리아 북부의 믿을 수 없을 만큼 아름다운 풍경을 즐길 수 있는 곳이다.

푼타 로카 역에서 내려 계단 위로 올라가면 넓은 테라스가 펼쳐져 있는데, 여기에

마르몰라다 테라스에서 바라본 경치. 구름에 가려졌지만, 좌측에는 셀라 그룹, 우측에는 토파나 산군이 보인다.

서는 돌로미티에서 가장 아름답고 유명한 봉우리를 360° 파노라마를 감상할 수 있다. 테라스에 도착하면 바닥에는 "marmolada 1,450m → 3,265m"라 적혀 있다.

마르몰라다 정상에서의 전망은 현실 속 풍경이라고는 믿어지지 않을 정도로 아름답다. 맑은 날에는 오스트리아의 티롤 지역까지 보이는데, 돌로미티의 거대 산들이 좌측에서부터 로젠가르텐 그룹, 정면에는 셀라 그룹, 토파나, 크로다 다 라고, 우측에는 소라피스와 안텔라오, 뒷쪽에는 치베타, 팔라 그룹 등이 마르몰라다를 둘러싸고 있다.

푼타 로카에는 요한 바오로 2세가 1979년 8월 26일 마르몰라다를 방문했을 때 축성한 성모상이 있는 평화의 상징인 예배당 그로타 델라 마돈나 *Grotta della Madonna* 도 있다. 또한 푼타 로카 역에서 밖으로 나가면 실제 빙하를 밟아 볼 수 있는 곳이다.

마르몰라다 정상의 은하수. 2023.
(Nikon Z7II / f2.8 / ISO 2,500 / Focal Length 14mm / Sutter speed 30s)

Lago di Carezza

카레짜 호수

가는길

- 자동차 이용 시: 볼차노에서 A22번 도로로 3분, 1㎞ 이동 후 우회전하여 SS241 도로로 26.5㎞, 32분 이동하면 카레짜 호수에 도착한다. 비고 디 파사 지역에 숙소를 정하였다면 13㎞, 20분 정도 소요된다.
- 대중교통: 볼차노 기차역에서 대중 버스가 매일 여러 번 운행된다.

주차

- 카레짜 호수 맞은편, 도로 반대편에 유료 주차장(Parcheggio 1)이 있다. 주차장과 연결되어 나오는 통로에는 다과, 기념품, 화장실이 있는 방문자 센터가 있다.
- 비용:
    - 자동차, 오토바이- 최초 1시간당 2유로, 6시간은 6유로(최대 12시간은 12유로) 1일 비용은 24유로
    - 캠핑카, 버스- 3시간에 9유로, 12시간에 18유로(최대 24시간에 30유로)
- 호수에 가려면 길을 건너지 않고 지하도를 따라가게 되어 있다.

카레짜 호수는 볼차노에서 약 25㎞ 떨어진 발데가 *Val d'Ega* 상류에 위치한 작은 고산 호수이다. 호수는 노바 레반테 *Nova Levante* 지역의 해발 1,534m 높이에 있으며 코스타

카레짜 호수의 위치와 가는 길

룽가*Costalunga* 고개와 발 디 파사*Val di Fassa*로 이어지는 도로를 따라 위치해 있다.

호수는 독특한 매력과 아름다운 경치로 인해 유네스코가 세계문화유산으로 지정한 지역인 돌로미티의 라테마르*Latemar*와 카티나치오*Catinaccio* 산군 기슭의 숲과 산 사이에 보석처럼 자리 잡고 있다.

호수에는 눈에 보이는 강의 지류가 없으며 라테마르에서 공급된 지하 샘에 의해 물이 공급된다. 그 범위와 깊이는 계절과 기상 조건에 따라 다른데, 일반적으로 눈이 녹는 늦은 봄에 가장 높은 수위에 도달한다. 계절과 강우량에 따라 카레짜 호수의 모습이 달라지는데, 여름에는 강우량이 많고 겨울에는 눈이 많이 내리며 길이는 최대 300m, 너비는 140m, 깊이는 22m에 이른다. 과잉 공급된 물은 호수 서쪽으로 흐르는 하천으로 흘러 들어간다.

카레짜 호수는 사우스 티롤의 고산 호수 중 아름다운 호수 중 하나로, 보호구역으로 지정되어 호수 주변의 보호 울타리를 넘거나 호숫물에서 수영하는 것은 불가능하다. 이 호수의 색깔은 에메랄드빛으로 투명하며 호수 배경에 있는 라테마르 산

카레짜 호수와 배경이 된 라테마르 산군

이 반영되는 파노라마 전망은 환상적이다. 성수기에는 매우 혼잡할 수 있으므로 이른 아침이나 늦은 오후에 방문하는 것이 좋다.

무지개 호수

호수는 에메랄드그린부터 짙은 파란색까지 수천 가지의 파란색을 통과하는 다양한 색상을 가진 물색으로, 보는 즉시 마음을 사로잡을 것이다. 이러한 특이성 때문에 '무지개 호수'라고도 알려져 있다. 카레짜 호수는 라딘어로 "레흐 데 에르고반도 *Lec de Ergobando*"라 불리는데 뜻이 "무지개 호수"이다. 호수의 이름이 "카레짜 *Carezza*"라 불린 것은 넓은 잎 모양의 잎을 가진 식물군인 'Caricaceae'에서 유래된 것이라고 한다.

주변 가문비나무의 훼손

전망대에서 바라본 카레짜 호수. 우측 능선의 초원이 2018년 태풍으로 인해 나무가 쓰러진 장소이다. 2023.

2018년 10월 30일, 바이아 *Viaa* 폭풍이 불어오는 동안 이 지역은 시속 120㎞가 넘는 돌풍을 맞아 주변 숲의 넓은 지역의 나무들이 쓰러져 풍경이 크게 바뀌었다. 태풍에 쓰러진 나무의 사정을 모르는 사람들은 나무를 벌목해 주변 환경을 훼손한 것으로 오해할 수도 있었다. 이전 상황으로 돌아가려면 수십 년이 걸릴 것으로 추정된다. 2023년에는 자연의 회복력으로 다시 잔디와 초목으로 뒤덮여 자연스러운 모습을 보여 준다.

님프 온디나 *Ondina*의 전설

다른 고산 호수와 마찬가지로 카레짜 호수에도 흥미로운 전설이 있다. 호수 깊은 곳에는 온디나라는 아름다운 요정이 살고 있었다고 한다. 온디나는 매우 아름다웠을 뿐만 아니라 노래하는 것도 좋아했다. 라테마르 산에 살았던 마법사도 그녀와 사랑에 빠져 몇 번이나 그녀에게 다가가려고 했지만, 님프는 항상 도망쳐 호수 바닥으로 피신했다. 마법사는 님프를 유인하기 위해 지금까지 본 것 중 가장 아름다운 멋진 무지개를 만들었다. 온디나는 하늘에 빛나는 무지개를 보자마자 물 밖으로 나왔다. 변장하는 것을 잊어버린 흉악한 마법사의 모습을 본 온디나는 그를 보자마자 겁에 질려 심연 속으로 도망갔다. 마법사는 화가 나서 무지개를 빼앗아 호수에 던졌고 무지개는 수천 조각으로 깨졌다.

전설에 따르면 물의 수천 가지 색깔은 오늘날에도 여전히 호숫물 속에서 빛나는 무지개 파편 때문이라고 한다. 그 이후 온디나를 다시 본 사람은 아무도 없었고 호수에 그녀를 기리는 동상이 세워졌다고 한다.

카레짜 호수 트레킹

- 이동 거리: 1.3㎞
- 소요 시간: 20분
- 고도 상승: 26m
- 난이도: 하

사우스 티롤의 노바 레반테*Nova Levante* 근처에 있는 카레짜 호수를 한 바퀴 도는 1.3㎞ 순환 트레일은 산책 수준의 가장 쉬운 트레킹으로, 경로를 한 바퀴 도는데 평균 20분이 걸린다. 이곳은 들새 관찰, 달리기, 걷기로 매우 인기 있는 지역이며 연중 내내 개방되어 있어 언제든지 방문해도 아름답다. 호수 주변 길은 고른 자갈길로 이어져 있어 온 가족이 쉽게 걸을 수 있다. 호수 주변을 순환하며 다양한 풍경과 아름다운 호수 색을 바라보면 저절로 힐링이 된다. 호수의 수량은 계절에 따라 달라진다.

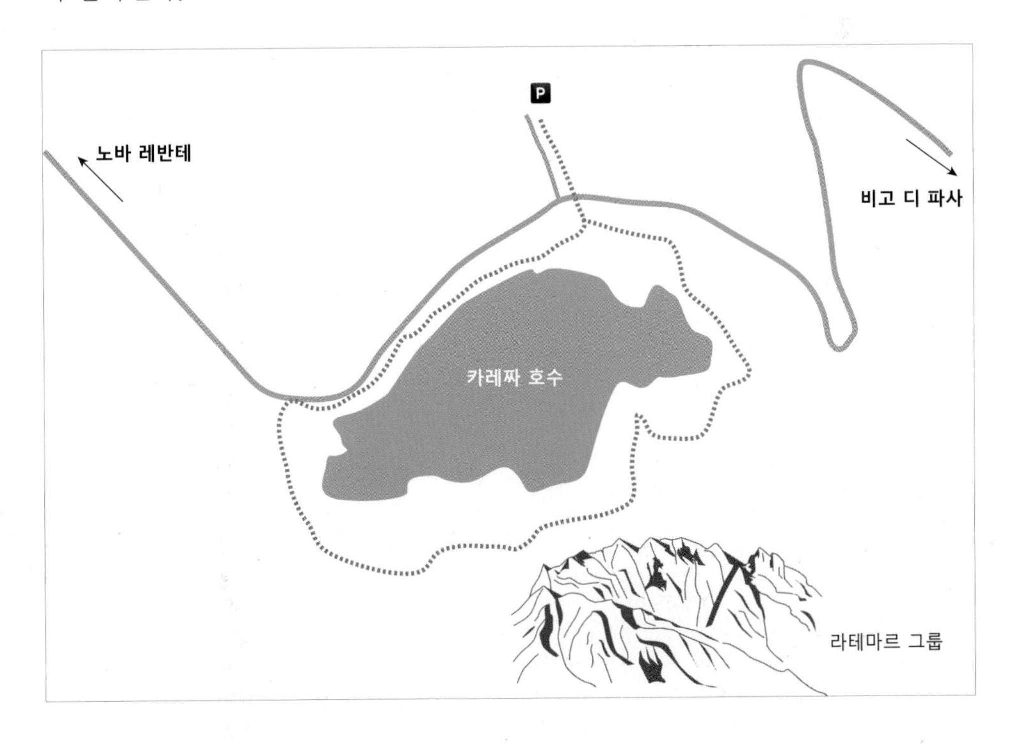

카레짜 호수의 별. 2019.
(Nikon D850 / f2.8 / ISO 2,000 / Focal Length 14mm / Sutter speed 30s)

Catinaccio

카티나치오 (로젠가르텐)

가는길

- 자동차 이용 시: 볼차노에서 A22번 도로로 3분, 1㎞ 이동 후 우회전하여 SS241 도로로 25㎞, 30분 이동하면 카레짜에 도착한다.
- 비고 디 파사 지역에 숙소를 정하였다면 12㎞, 20분 정도 소요된다.
- 대중교통: 볼차노 기차역에서 대중 버스가 매일 여러 번 운행된다.

리프트 운행 정보

- 로다 디 바엘 산장으로 올라가는 리프트는 비고 디 파사와 카레짜 마을 중 하나를 선택할 수 있다.
- 시간:
  - 카레짜 Seggiovia Paolina 체어리프트- 08:30~17:30.
  - 비고 디 파사 Catinaccio Funivie 케이블카- 09:00~17:30.
- 비용:
  - 카레짜 Seggiovia Paolina 체어리프트- 왕복 24유로, 아동 16유로
  - 비고 디 파사 Catinaccio Funivie 케이블카- 왕복 25유로, 아동 18유로

주차

- 비고 디 파사의 Catinaccio Funivie 주차장 무료
- Seggiovia Paolina 케이블카 앞 주차장 무료, 길 건너 대형 주차장은 시간당 2유로

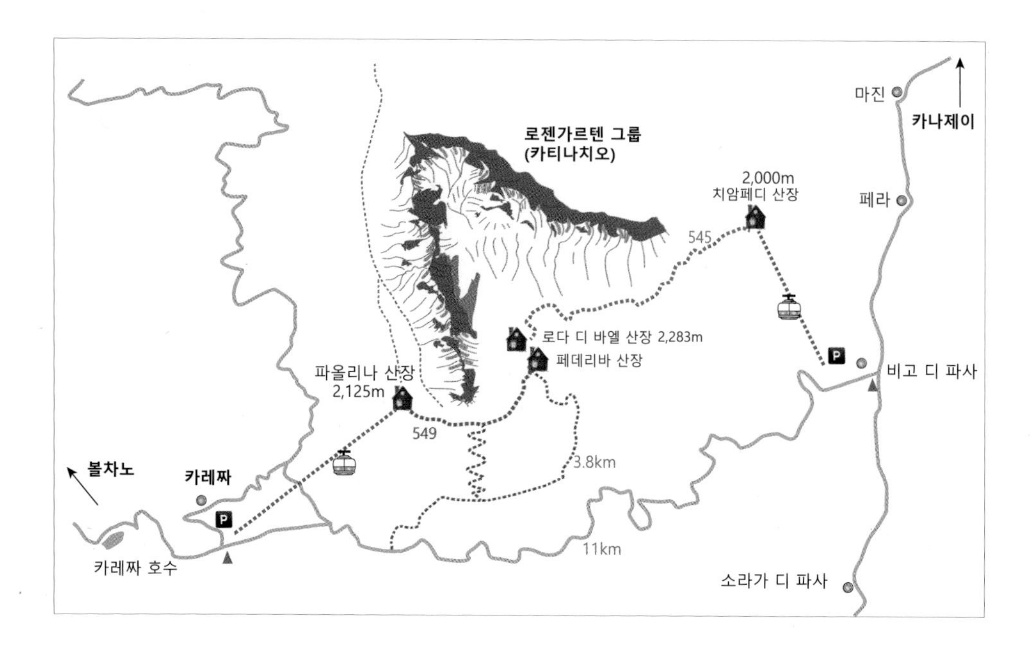

카티나치오 그룹은 알프스산맥을 구성하는 돌로미티의 서쪽 부분에 있으며 돌로미티의 12개 커다란 산군(山群) 중 하나이다. 카티나치오 명칭은 돌로미티의 전통 언어인 라딘어로 표현된 것이며 독일어로는 로젠가르텐*Rosengarten*이라 불린다. 로젠가르텐은 '장미 정원'을 의미하며 백운암이 하루 중 특정 시간에 붉은 색상을 만드는데, 이것을 비유로 생긴 말이다. 이 지역을 구성하는 백운암은 일몰 무렵에 따뜻한 색상, 특히 분홍색을 띠는 특이한 빛의 변화를 보여 준다.

카티나치오 산군은 돌로미티에 있는 10개의 자연공원 중 하나로, 1974년에 만들어진 남부 티롤 지역에서 가장 오래된 자연공원이다. 이 지역은 지질학 측면에서 탄소질 퇴적물과 화산 활동 사이의 연관성을 명확하게 보여 주는 노두가 특징이기 때문에 중생대 트라이아스기 동안의 백운암 연구에 매우 중요한 의미를 갖는다. 또한, 이 지역은 약한 지각변동의 영향을 받았기 때문에 퇴적물 사이의 역학적 관계가 특히 잘 보존되어 있어 지질 계통 연구에 중요한 역할을 한다.

카티나치오 산군에 둘러싸인 로다 디 바엘 산장

로다 디 바엘 산장 트레킹

로다 디 바엘 *Roda di Vael* 산장(독일어 Rotwand refuge) 트레킹은 돌로미티 동남부에 위치한 발 디 파사 *Val di Fassa* 지역에 있는 카티나치오 *Catinaccio* 그룹의 남쪽 지역을 걷는 흥미로운 도보 여행이다. 이 트레킹은 발 디 파사 지역에서 이루어지는 아름다운 여행 중 하나로 코스타룽가 고개 *Costalunga Pass* 에서 걸어 올라가거나 체어리프트를 타고 파올리나 산장로 이동하여 로다 디 바엘 산장까지 이어진다.

이 길을 걷다 보면 남쪽에 위치한 라테마르 산군과 카티나치오 산군의 모든 웅장한 봉우리들을 감상할 수 있으며, 리프트를 이용한다면 등산로의 난도가 낮아 가족 단위로 걷기 좋은 트레킹이다.

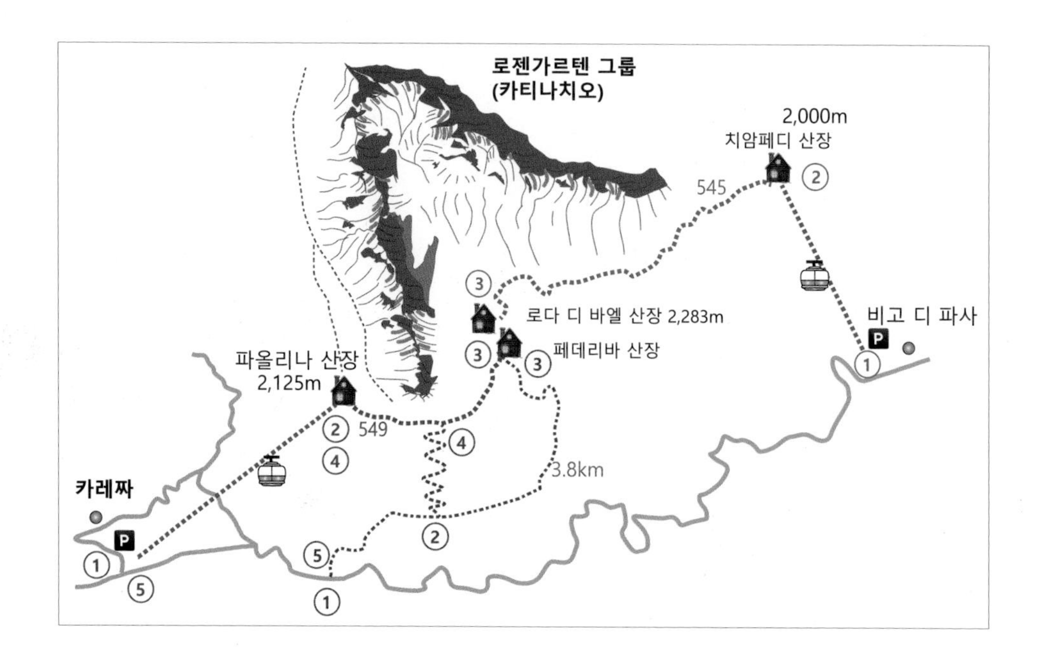

① 비고 디 파사에서 출발(파란색 경로 ① → ③)

- 치암페디 산장 ~ 로다 디 바엘 산장
- 이동 거리: 4.2㎞
- 소요 시간: 2시간
- 난이도: 중하

치암페디*Ciampedie* 케이블카를 타면 비고 디 파사 마을에서 거의 2,000m 높이까지 올라간다. 치암페디는 파사 계곡*Fassa Valley* 위의 '천연 발코니'와 같은 위치에 있다. 치암페디에서 로다 디 바엘 산장으로 향하는 545번 하이킹 코스는 동쪽으로 아주 잘 이어져 있다.

출발한 곳에서 약 3.6㎞ 정도 거리에 있는 아그리투르 말가 바엘*Agritur Malga Vael* 식당까지는 고도 변화가 1,900~2,000m 정도로 큰 경사 없이 몇 개의 평탄하면서 구불구불한 길을 따라 걸어야 한다.

로다 디 바엘 산장(2,283m)은 치암페디 산장보다 약 300m 정도 높은 곳에 위치한다. 이 말은 오르막 경사 구간이 있다는 것으로 아그리투르 말가 바엘 식당부터 본격적인 경사로를 올라가야 하므로 이곳에서 간단한 휴식을 취하고 출발하면 좋다.

로다 디 바엘 산장에 도착한 후 파올리나 산장 쪽으로 이동하여 케이블카를 타고 카레짜 마을로 내려오는 방법도 있다. 치암페디에서 바위산이 일출, 일몰 때 태양 빛을 받으면 로젠가르텐 산군이 황금색 또는 붉은색으로 물드는 현상이 나타나는데 이를 원주민 언어인 라딘어로 '엔로사디라*Enrosadira**(영어 Alpenglow)'라 부른다. 카티나치오 산군의 바위산에는 특수 성분이 함유되어 있어 돌로미티 다른 지역보다 한층 더 붉은 장관을 연출한다. 가장 대표적인 것이 바이올렛 타워*Vajolet Tower*이다.

② 카레짜에서 도보만으로 트래킹(갈색 경로 ① → ⑤)

- 이동 거리: 3.81㎞(편도)
- 이동 시간: 편도 2시간
- 높이 차이: 1,751~2,276m
- 로드 형태: 경사가 있는 등산로
- 난이도: 중상

파쏘 코스타룽가에서 시작하여 로젠가르텐 레스토랑과 호텔 사보이 사이의 길을 따라 약 20분 정도 걸어가면 548번 길을 따라 로다 디 바엘 산장까지 갈 수 있다.

* 엔로사디라*Enrosadira* : 원주민 언어인 라딘어로 새벽과 황혼에 분홍색 또는 붉은색을 띠다가 점차 보라색으로 변하는 현상을 가리키는 용어이다. 색깔이 변하는 이유는 돌로미티의 암벽에서 다량으로 발견되는 광물인 백운석의 탄산칼슘과 탄산마그네슘 때문이다. 일출과 일몰 때 바위 절벽은 연한 노란색에서 밝은 빨간색, 분홍색과 보라색까지 다양한 색조를 띠다가 밤의 어둠 속에 산이 사라질 때까지 이어진다.

고도 차이는 약 500m 이며 여정은 두 시간 정도의 시간이 필요하다.

③ 카레짜에서 파올리나 리프트를 이용하여 트레킹(녹색 경로 ① → ⑤)

- 이동 거리: 2㎞(편도)
- 이동 시간: 왕복 2시간
- 높이 차이: 2,146 ~2,276m
- 로드 형태: 경사가 있는 등산로
- 난이도 : 하

훨씬 더 간단하고 진정으로 모든 사람이 함께하는 트레킹을 하고 싶다면 카레짜에서 파올리나 산장*Paolina hut*으로 이동하는 체어리프트를 타고 로다 디 바엘 산장으로 이동하는 것이 좋다.

파올리나 리프트를 이용하여 파올리나 산장에서부터 출발하는 짧고 좀 더 쉬운 길을 걷는 코스로 가족이 함께하는 여행이라면 이 트레킹을 선택하여야 한다.

파올리나 승강장에서 하차하면 바로 옆에 규모가 작은 노란색의 파올리나 산장이 있다. 리프트에서 내려서 걷기 시작하는 초반 300m까지는 약간 경사가 있는 길을 올라가야 한다. 경사 있는 길을 어느 정도 올라오면 시야가 넓어지고 아래쪽

세기오비아 - 파올리나 승강장

파올리나 산장

라테마르 산군과 카레짜 마을

에 카레짜 마을을 감싸고 있는 라테마르 산군을 볼 수 있다. 이후부터는 산의 능선을 따라가는 거의 평탄한 길이다.

초반의 경사 있는 길을 넘기면 대체로 평탄한 쉬운 길이다. 우측으로 라테마르 산군의 봉우리를 감상하며 걸을 수 있는 평탄한 길이 계속된다.

파올리나 산장에서 로다 디 바엘 산장으로 이어지는 길을 약 800m 정도 걷다 보면 사람들이 모여서 기념사진을 찍는 장소가 있다. 남부 티롤의 정치인이자 고산

관광의 선구자인 테어도르 크리스토만노스 *Theodor Christomannos* 에게 헌정된 기념비인 2.5m 높이의 강력한 청동 독수리 동상이다. 독수리 동상이 생각보다 규모가 크고 커다란 암벽 위에 돌출되게 설치되어 지나가는 사람들 모두가 촬영하고 가는 장소이다.

카티나치오 산군의 중턱의 길을 걷다가 크리스토마노스 기념비를 지나 더 걷노라면 산기슭의 잿빛 암석 사이로 붉은색을 수놓는 듯 붉은색의 야생화들이 지루함을 덜어준다.

800m 정도 걷다가 정면에 페데리바 산장이 보이기 시작하면 목적지에 다 온 것을 의미한다. 휘어진 고갯길을 걷다 보면 로다 디 바엘 산장과 페데리바 산장이 있는 넓은 광장에 도착하게 된다. 산장의 뒤쪽에는 병풍처럼 우뚝 솟은 카티나치오 산군부터 멀리 셀라 산군과 마르몰라다의 뒤쪽 산군들의 모습까지 모두 조망할 수 있다.

조금 가파른 길이지만, 산장 앞에서 말라 바엘 쪽 표시를 따라 내려가다 보면 그야말로 암벽들 사이에 둘러싸인 야생화 평원이 넓게 펼쳐진다. 이곳에서 휴식을 즐기다 오면 더할 나위 없이 좋다. 또한, 산장 앞 광장에 누워 주변의 경관을 바라보며 망중한을 느끼는 것도 최고의 기쁨이다.

사진 좌측이 카티나치오/로젠가르텐 그룹의 산을 두고 걷는 길. 돌길이지만 평탄하여 걷기 쉽다.

사진 좌측이 로다 디 바엘 산장. 중앙이 페데리바 산장. 우측 봉우리에 올라가서 내려다보는 경치가 일품이다.

분홍 백리향

페데리바 산장. 우측 뒤에 봉우리가 감상 포인트이다.

바엘 산장 앞에 편히 누워 시간을 보내는 사람들도 많지만, 바로 앞에 경사가 급한 작은 언덕을 오르는 사람들도 많다. 조금이나마 높은 곳에서 쳐다보는 경치는 다를 것으로 생각하기에 한 번 올라가서 내려다보는 것도 좋다. 정식 계단이나 길이 없어 손과 발을 사용하여 안전에 유의하여 조심스럽게 올라가야 한다.

산장 부근에서도 충분한 경관을 볼 수 있으니 어려움을 감수하고 무리하게 올라갈 필요는 없다. 올라가는 길에는 좁은 암석 사이에도 붉은 야생화가 어려운 환경에도 피어 빛을 발하고 있다.

다시 언덕에서 내려와 바엘 산장 방향으로 걷는다. 노란 민들레와 보라색의 초롱꽃들이 카티나치오 산군과 아름답게 조화를 이루고 있다. 되돌아가는 길은 올라온 길을 그대로 돌아가면 되는데 약간 내려가는 길이라 걷기에 쉽다. 같은 길을 가지만 올 때와는 다른 느낌을 받으면서 다양한 야생화를 감상해 보면 좋다.

솔체꽃Shining Scabios

솔체꽃Shining Scabios

분홍색의 알핀로제Alpine Rose

분홍색의 알핀로제Alpine Rose

초롱꽃(종꽃)Bellflower

초롱꽃(종꽃)Bellflower

마타곤 백합Matagon Lily

고산미나리아재비Mountain buttercup

참고

1. 돌로미티 문화, 자연, 유네스코, 역사 등 소개, www.dolomiti.org
2. 세계에서 가장 아름다운 건축작품, 돌로미티, www.italia.it/en/italy/things-to-do/dolomites
3. 돌로미티 트레킹 소개, www.alltrails.com, www.outdooractive.com
4. 돌로미티 지질 트레일, www.dolomitesgeotrail.com
5. 3D 트레킹 맵, www.fatmap.com
6. 남티롤 소개, www.suedtirolerland.it/en
7. 트렌티노 소개, www.visittrentino.info/en
8. 돌로미티 여행 안내, www.earthtrekkers.com/how-to-plan-a-trip-to-the-dolomites
9. 돌로미티 정보 및 슈퍼썸머카드, www.dolomitisuperski.com/en/SuperSummer/home
10. 돌로미티 여행 정보, blog.naver.com/mosaic777/80192365784
11. 돌로미티, MY WAY. blog.naver.com/PostList.naver?blogId=choigs293&tab=1
12. 이탈리아 여행 연구소, 이상호, www.youtube.com/channel/UCuU1RZHNthbNCS-qhYiLRWg 이탈리아 여행 연구소, 이상호
13. 임성일의 이탈리아, www.youtube.com/channel/UCBigMkCqY9jBSyOrh-MdDoA
14. 이탈리아 돌로미티 추천 루트와 트레킹코스 , 유빙, luna1, cafe.naver.com/eurodriving
15. 돌로미티 여행 정보, blog.naver.com/mosaic777/80192365784

실레네 불가리스Silene vulgaris
장구채의 일종으로 유럽이 원산지이며 석죽과 끈끈이대나물에 속하는 1년생 또는 2년생 풀이다.
장구채와는 모양이 좀 다르다. 기다란 하얀 꽃이 아래로 늘어서 피는 꽃잎은 5개이고
2개로 깊게 갈라지는데 꽃받침 부분까지 갈라진다.

돌로미티

초판 1쇄 인쇄 2024년 09월 19일
초판 1쇄 발행 2024년 09월 27일
지은이 박진성

펴낸이 김양수
책임편집 이정은
교정교열 연유나

펴낸곳 도서출판 맑은샘
출판등록 제2012-000035
주소 경기도 고양시 일산서구 중앙로 1456 서현프라자 604호
전화 031) 906-5006
팩스 031) 906-5079
홈페이지 www.booksam.kr
블로그 http://blog.naver.com/okbook1234
페이스북 facebook.com/booksam.kr
이메일 okbook1234@naver.com

ISBN 979-11-5778-665-7 (03920)